«¡TE TENGO BUENAS NOTICIAS!»

PRÓLOGO

Son muchos los libros y folletos que nos dicen cómo y por qué debemos difundir el mensaje vivificador del evangelio entre nuestros amigos judíos. De vez en cuando, alguien escribe un libro que en verdad tiene algo significativo. Este es el trabajo más reciente de mi amigo Barry Rubin que, gracias a su experiencia y preparación, nos brinda una obra excelente.

Los creyentes en general entienden que el mensaje del nuevo pacto debe exponerse a todos los pueblos y naciones, incluidos nuestros amigos judíos. Aun cuando hay libros muy buenos acerca de la manera de difundir el mensaje divino al público en general, el pueblo de Dios necesita conocer la forma más adecuada de expresar el mensaje del evangelio de Yeshúa a sus amigos judíos.

Barry Rubin comienza, en primer lugar, a animar a los creyentes gentiles a hablar con eficiencia acerca de su fe a la gente judía. Por cierto, fue un cristiano gentil el que le habló a él para que se convirtiera. Barry motiva a la gente en las iglesias a practicar la verdadera manera de ser un buen testigo ante el vecino judío.

Barry Rubin tiene una excelente preparación en comunicaciones. Y practica esos principios de tal manera que los creyentes que no son judíos pueden aprender y emprender la obra que Dios tiene para ellos.

El lector hallará información para aprender acerca de los antecedentes y creencias que podrían obstaculizar el acto de testificar. Barry también nos muestra cómo superar esas barreras y lograr la mejor posibilidad de comunicarnos con nuestros amigos.

Es de sumo interés el análisis de Barry respecto a la manera en que Yeshúa, maestro ganador de almas, tocaba los corazones de la gente. Su estudio en cuanto a cómo Yeshúa se identificó con la mujer samaritana (Juan 4) es excelente y debiera brindarle al creyente común el mismo conocimiento para identificarse con las necesidades de los amigos judíos y de la gente en general.

El valor de la obra aumenta por el uso de numerosos modelos que capacitan rápidamente al creyente para entender la información y aguzar su conocimiento respecto a cómo mejorar la difusión.

Después de leer el libro, tuve una bendición especial. Usted sentirá el desafío en la medida que deje que Barry Rubin le hable al corazón y le guíe a ser un comunicador más eficiente para difundir el evangelio al pueblo judío.

Dr. Louis Goldberg
Profesor emérito de Teología y Estudios Judíos
Instituto Bíblico Moody
Chicago, Illinois

PREFACIO

A LA EDICIÓN REVISADA

¡Al fin sucedió! Dunkin' Donuts [cadena de establecimientos que expende *donuts* o roscas dulces] está vendiendo roscas saladas. Como *maven* [conocedor] que soy, observé con atención cuán populares se hicieron estas últimas desde la primera edición de este libro en inglés, en 1989. Si uno no logra encontrar una tienda de roscas en su vecindario, seguro que hallará las de la marca Lender en la sección de productos congelados del mercado. Lo cierto es que estas roscas están por doquier. Es más, acabo de enterarme que las tiendas que las venden ocupan el cuarto lugar entre los negocios nuevos de todo el país, siguiendo a los de computadoras y tiendas de tatuajes.

Investigando algo, por mi cuenta, llegué a esta conclusión: Aunque estas roscas empezaron siendo parte de los alimentos judíos, poco a poco la gente dejó de asociarlas con ellos. Se hicieron *goyische* (gentiles, entiéndase «paganos»).

Cuando joven, aparte de las comunes, tendríamos roscas de cebolla, ajo y de semillas de ajonjolí y girasol. No había tantas. Ahora, sin embargo, ¡increíble!

Roscas de frambuesa, de plátano, de fresa y hasta (para esconder en los bolsillos) de trocitos de chocolate. Lo que una vez fue muy judío, ahora es muy gentil. Se aceptaron las roscas. Lo mismo ocurre con el evangelio.

«¡Te tengo buenas noticias!»

Lo que comenzó como un movimiento completamente hebreo dentro del judaísmo está tan lejos de sus raíces que al Mesías se le ve como un dios gentil. Y los judíos no pueden seguir a un dios pagano. La Torá registra lo que les ocurrió a nuestros antepasados por estar jugando con el paganismo. ¡Ay!

Sin embargo, Yeshúa (Jesús) no es un dios pagano. Es el Mesías de Israel y el Salvador del mundo, el que vino primero a los suyos. En efecto, su misión principal era acercar más al pueblo escogido hacia el Dios de Abraham, Isaac y Jacob. Fue el profeta supremo.

¡Es grandioso que tantos gentiles se unieran! Dios les dijo a los judíos que fueran luz a los gentiles. Pero lo que ocurrió en el transcurso de los últimos dos mil años es que el mensaje de buenas nuevas, que una vez fuera tan judío, ya no lo es tanto.

Como las roscas. Los judíos las introdujeron a los gentiles y ahora estos las hacen y casi olvidan el origen de estos deliciosos panes bajos en grasa. Esto, en realidad, no es tan lamentable, pero es desastroso cuando se refiere a llevar el pan de vida al pueblo judío. La iglesia necesita volver a poner al Mesías en su contexto judío.

Leer este libro le ayudará a obtener una mejor perspectiva en cuanto a cómo alcanzar al pueblo judío con las buenas nuevas de que el Mesías vino para expiar el pecado. Espero que recuerde que los judíos trajeron al mundo el mensaje de las buenas nuevas, ellos lo propagaron y que tienen un judío como figura central.

No permita que a este mensaje le ocurra lo mismo que a las roscas. Sí, las nuevas roscas son muy sabrosas (aunque nunca las he probado, y lo más probable es que no pruebe una con sabor a fruta, recuerde que soy un *maven*), pero no son judías. El cristianismo es buenísimo, pero perdió sus raíces judías. Restaurarlas será de ayuda al pueblo judío para que sienta más confianza al probar a Yeshúa, la rosca de vida, y ayudará a los gentiles a recibir gran bendición. De eso es que trata este libro. Así que, ¡disfrútelo!

PREFACIO

A LA PRIMERA EDICIÓN

Un mensaje para creyentes

Usted está a punto de leer este libro porque ama al pueblo judío. Experimenta la nueva vida en Cristo y desea presentar estas buenas nuevas a algún conocido hebreo. Quizá tenga un amigo, colega o incluso un pariente judío. Desea hablarle del mensaje del evangelio, las mejores noticias que jamás oyó, las nuevas que afirman que Dios proveyó expiación por el pecado. Tal vez conoce a esa persona hace años, pero no ha podido hablarle del Mesías. Este libro se escribió para ayudarle a llevar el amor de Jesús a su propio pueblo judío.

Impartiré los principios que enseño en la universidad como profesor en comunicaciones y en los diferentes programas de preparación misionera que dirijo. Mi testimonio se entreteje a través del libro para ilustrar muchos de los principios que usted aprenderá.

Tenga en mente que su responsabilidad solo es presentar el mensaje del Mesías lo más claro posible, con oración y amabilidad. No lo es, sin embargo, lograr que su amigo judío llegue a creer. La obra está en las manos de Dios.

A medida que lea este libro verá referencias a su «prójimo judío». Esta palabra *prójimo* se usa en el mismo sentido que empleó Jesús en el relato del buen samaritano. Puede significar el vecino de al lado, un pariente lejano, algún colega de trabajo o cualquiera que encuentre que necesita al Mesías. Me lo imagino sentado con algunas roscas, una taza de café o té y la Biblia. Lo que oigo es una amistosa charla entre vecinos, hablando del evangelio.

De vez en cuando emplearé lo que se llama la terminología *mesiánica*, o sea, conceptos «cristianos» expresados en una manera judía. Después de considerar el beneficio de dicha nomenclatura al testificar en la sección II, capítulo 7, lo uso en cierta forma exclusiva a través del resto del libro. Esto es para animarle a que se familiarice con esta terminología e incorpore estos términos mesiánicos a su vocabulario. Eso hará que su mensaje sea más efectivo.

Un mensaje para el pueblo judío

Es posible que se esté preguntando por qué una persona judía como yo estaría interesada en enseñarle a la gente que no es judía la manera de convencerle a creer en Jesús. A lo mejor, puede que piense que es una pérdida de tiempo. O lo peor, que traiciono a mi propio pueblo. Permítame decirle algo: La verdad es la verdad.

Si Jesús, *Yeshúa* en hebreo, es el Mesías prometido, por consiguiente, tendría sentido que los judíos creyeran lo que dice. Mas, si no lo es, no solo pierdo el tiempo, sino que todos los cristianos están practicando una religión falsa y deberían buscar la verdad en otra parte. Yeshúa se proclamó nuestro Mesías esperado. Una de dos, lo es o no.

En este libro, aunque escrito para ayudar a sus seguidores no judíos a comunicar el mensaje de una manera eficaz, podrá descubrir que Yeshúa es en verdad quien proclamó: el Mesías. ¿Por qué no pedirle a Dios en oración que le muestre la verdad?

Cierta vez, un amigo agnóstico y yo tuvimos una discusión. Después de un rato, reconoció al fin que la existencia de Dios no tenía nada que ver con su fe o la falta de ella. Dios existe o no existe. La lógica nos dice que existe (o no existe) a pesar de lo que creamos.

Lo mismo ocurre respecto a Yeshúa. Es el prometido, el Mesías de Israel y el Salvador del mundo o no lo es. Nuestras creencias no lo convierten en Mesías (Cristo, en griego), ni nuestra incredulidad en ficción. La verdad es la verdad.

Creo que Yeshúa es precisamente quien dice que es: el Mesías. Llegué a esta conclusión en 1973, y cuanto más estudio y medito sus afirmaciones, más me convenzo de su verdad.

A aquellos judíos que lean este libro, les pido que traten de entender que los cristianos que lo adquieren lo hacen con un amor sincero. Desean ofrecerle al hombre el antídoto para su más inminente mal: el pecado. La cura se encuentra en Yeshúa.

RECONOCIMIENTOS

Numerosas personas contribuyeron directa e indirectamente con este libro, lo cual agradezco.

Mis catedráticos en comunicación de la Universidad de Ohio me enseñaron mucho acerca de la comunicación interpersonal. Me dieron una buena base para organizar este libro y analizar el proceso de testificar, la mejor transacción al comunicar.

Al Dr. Henry Einspruch y su esposa Marie, iniciadores de la Fundación The Lederer en Baltimore, Maryland; que suministraron la literatura que causó el principal impacto en mi vida y cuyo puesto tuve el privilegio de ocupar en 1988.

A Dan y Arlene Rigney, cuyo amor y paciencia me hicieron ver la verdad: que el Mesías vino. Pat Klein, estupenda consultora editorial y amiga que me asistió mientras escribía. Al Dr. Louis Goldberg, un amigo de muchos años, que tuvo la disposición de leer y criticar mi manuscrito.

A mi esposa, Steffi, que no solo ilustró esta obra plasmando la idea de cada capítulo con dibujos, sino que me ayudó a encontrar otras formas más eficientes de expresarlas. Siempre ahí, apoyándome, desde que nos casamos.

A Rebecca y Shira, mis queridas hijas, por ser como son. Rebecca también contribuyó editando con excelencia la edición revisada.

A mis padres, que me criaron apreciando mi herencia judía y la identificación con mi pueblo. (De acuerdo, lo reconozco, hubieran preferido que escribiera otro tipo de libro y que me dedicara a otra clase de trabajo.)

Y por supuesto, agradezco a Dios y su Mesías, por el cual se me otorgó vida eterna y abundante.

INTRODUCCIÓN

PESQUEMOS PARA EL MESÍAS

— o —

El momento preciso para lanzar el anzuelo

Cuando era niño, recuerdo que veía unos dibujos animados (creo que eran de Disney) que trataban acerca de la pesca. Una escena me impresionó en gran manera. Cada vez que el pescador (creo que era Goofy) lanzaba el anzuelo, un pez grande picaba. Al poco rato tenía un montón de pescados que casi lo cubrían. «Caramba, eso sí es divertido», pensaba. Y como había un pequeño lago en mi pueblo, en Maryland, decidí probar suerte también. ¡Parecía tan fácil!

Así que agarré un palo de escoba y le até una cuerda en su extremo, me dirigí hacia el lago con determinación y tiré el anzuelo. Después de lo que parecieran días, quizá un par de horas, regresé a casa desanimado, afligido y dispuesto a terminar con la pesca... ¡para siempre! Ni siquiera uno picó.

Esa misma noche mi padre regresó del trabajo y me encontró sentado en la terraza con mis manos en la cabeza.

—¿Qué ocurre? —preguntó, viendo la expresión de tristeza en mi rostro. Le conté acerca de mi improductiva jornada de pesca.

Tratando de no parecer muy sorprendido, mi padre me preguntó en cuanto a mis técnicas de pescar.

—¿Qué usaste como carnada? —me preguntó.

—¿Carnada? —repetí—. ¿Qué es carnada?

—Es lo que enganchas en el anzuelo para atraer a los peces.

—Ah —exclamé—. ¿Qué es un anzuelo?

Aparentemente desconocía los finos rudimentos de la pesca. Había visto a aquel personaje en los dibujos animados pescando una cantidad de peces, pero no me fijé cómo se había preparado para atraparlos. (¡Los dibujos animados suelen tomarse ciertas libertades con la realidad!)

Entonces mi padre me explicó lo del anzuelo y la carnada. ¡Qué alivio sentí cuando noté que no tendría que dejar la pesca!

Cuando doy charlas en las iglesias oigo, indefectiblemente,

anécdotas de aquellos que intentan testificarles a los judíos. A menudo me recuerdan aquel primer día de pesca. En su celo por «atrapar un pez», muchos ignoran los rudimentos. Lo intentan una vez y regresan a casa desanimados, afligidos y dispuestos a dejar de «pescar» definitivamente.

No deseo que eso le ocurra. Quiero que logre ser eficiente al testificar, de modo que no se desanime. Después de todo, ¿cómo oirán el evangelio mis compatriotas, si los creyentes gentiles están tan desanimados para impartírselo? No hay suficientes «profesionales» como nosotros para testificarles personalmente a todos los judíos. Usted juega un papel importante.

Yeshúa les prometió a sus discípulos convertirlos en «pescadores de hombres». Aunque las técnicas de pesca del primer siglo, las grandes redes, tienen una gran diferencia con las de Goofy y las actuales, cada método requiere un entendimiento básico acerca de los rudimentos de este tipo de pesca para que sea productiva.

De igual manera, existen ciertos rudimentos que uno debe aprender para poder dar a conocer el evangelio, en una manera eficaz, al pueblo judío. Ese es el objetivo de este libro, ayudarle a aprender cómo hablarle a su vecino, su colega e incluso alguna persona judía que haya contraído matrimonio con algún familiar.

Para que organice todo el material que ha de aprender, incluyo lo que llamo un modelo para testificar. Usé esos modelos para enseñar cursos de comunicación en la universidad y los hallé muy útiles en los programas de capacitación que dicté para evangelización entre judíos.

Este libro se divide en cuatro secciones:

I. Usted: El cristiano gentil.
II. Su mensaje: El «evangelio judío».
III. La audiencia: Su vecino judío.
IV. La respuesta: Impedimentos para creer.

La primera sección es acerca de usted, el cristiano gentil. Esta sección le ayudará a entender su papel en la evangelización judía. Dios tiene un desafío muy especial para usted; es triste decirlo: La iglesia no lo ha asumido a través de los siglos.

Modelo de testimonio de la evangelización judía

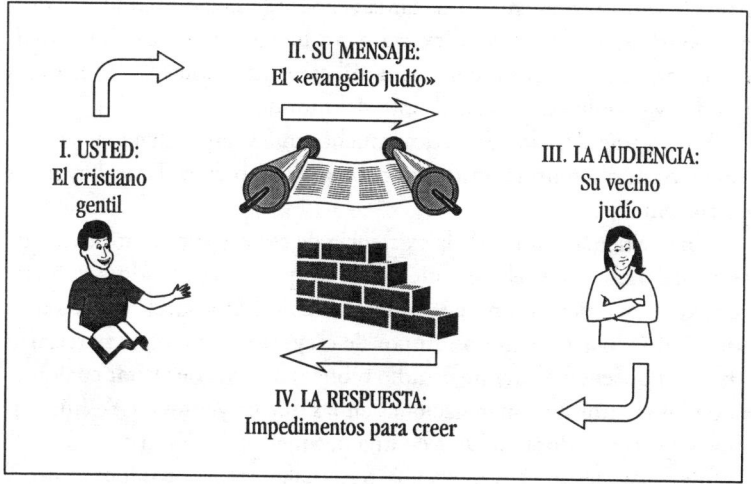

En la sección II hablo acerca del «evangelio judío». Es cierto que hay un solo evangelio de salvación para judíos y gentiles, pero existen muchas maneras de presentarlo. Aquellos que participan en la evangelización infantil les comunican el evangelio a los pequeños de una manera singular. Otros trabajan con universitarios y tienen otro método que es eficaz en ese medio. El mismo principio se aplica al pueblo judío. En la segunda sección aprenderá a difundir las buenas nuevas a la manera «judía».

La sección III le ayudará a conocer mejor a su vecino judío. Sería absurdo pensar que después de leer unas cuantas páginas de este libro, pueda *conocer* a cabalidad a su vecino hebreo. No solo sería imposible, sería presuntuoso. Requiere tiempo llegar a conocer a alguien. Aun así, darle un vistazo a la historia, la religión y la cultura judías debería ofrecer una mayor comprensión del pueblo al cual pertenece su vecino.

La última sección, la IV, propone las respuestas singulares que su vecino judío podría ofrecer al presentarle el evangelio. No solo trataremos las objeciones más comunes que tienen en cuanto al evangelio, sino que veremos algunas preguntas que no lo son en realidad. Analizaremos cómo aplicar los principios de discernimiento a la hora de testificar.

Permítame animarle. No podría haber elegido mejor momento que este para participar en la evangelización judía. Desde el primer siglo no había llegado a creer en Yeshúa tanta gente judía. Nadie sino Dios mismo podría saber la cantidad exacta, pero he visto cifras que se aproximan a más de doscientos cincuenta mil creyentes judíos en los Estados Unidos y el doble de eso en el resto del mundo.

En la antigua Unión Soviética, muchos miles responden gracias a los esfuerzos de diferentes ministerios hebreos. También en Israel hay miles de creyentes.

Una evidencia visible de la existencia de estas grandes cantidades de creyentes hebreos es el crecimiento de lo que se ha llegado a conocer como el movimiento congregacional mesiánico. Unos treinta años atrás solo podría hallarse algunos grupos de creyentes judíos que se reunían una vez por semana para un estudio bíblico; hoy puede visitar cualquiera de los cientos de congregaciones en las que creyentes en Yeshúa, judíos y gentiles, adoran a Dios en una peculiar manera judía.

Hay congregaciones y grupos fraternales mesiánicos por todo el mundo. Las conferencias mesiánicas atraen a miles de personas interesadas en la expresión de la fe judía en Yeshúa. ¡Y este «movimiento mesiánico» está creciendo!

El impacto del mover del Espíritu Santo entre el pueblo judío se evidencia por la manera en que han surgido varios grupos que contrarrestan el esfuerzo evangelístico de lo que llaman «misioneros sospechosos». Al interpretar mal el propósito de aquellos que difunden el evangelio por amor, dichos grupos sospechan del móvil de estos misioneros mesiánicos y advierten al pueblo judío que se mantenga alejado de su mensaje. Acusan a los creyentes judíos que conservan la identidad hebrea de ser falsos, practicando ritos autóctonos para engañar a los compatriotas que no sospechan de nada. Es más, ¡hace poco estos grupos declararon que los hebreos que crean en Yeshúa *dejan de ser judíos*! Entendemos que algo está ocurriendo, ya que la oposición también está muy activa.

Ahora bien, puesto que ha entendido la estructura de este libro, podrá apreciar la posibilidad del éxito; permítame ayudarle para que llegue a ser un buen pescador para el Mesías.

Empecemos echándole un vistazo a usted, el cristiano gentil. Se sorprenderá de cuánto tengo que contarle. Mi oración es que asimismo sienta el reto para entrar en acción.

SECCIÓN I

Usted: El cristiano gentil

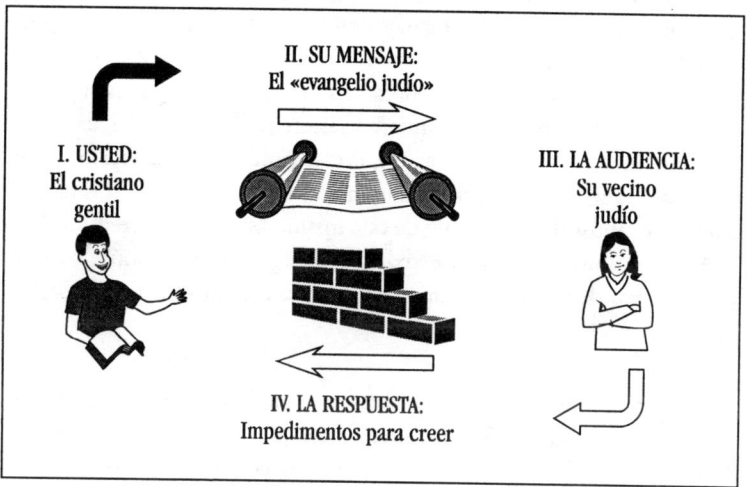

C omo puede apreciar en nuestro modelo de testimonio, *usted* inicia todo el proceso. Algunos piensan que alcanzar al pueblo judío es cosa de misioneros hebreos solamente. Creo que no es así. Los creyentes gentiles no profesionales tienen una parte integral en la evangelización judía. Al parecer está de acuerdo o no estaría leyendo este libro.

La primera sección habla de usted y cómo encaja en el plan de salvación para Israel. El primer capítulo trata acerca de lo que Dios dice respecto a la necesidad de testificar a su pueblo escogido. Esto puede ayudarle a ver el fundamento bíblico de la evangelización judía y cómo encaja en el plan de Dios.

En caso de que piense: «¿Quién, yo, un gentil, testificarle a un judío?», incluí el capítulo dos para animarle. No solo verá por qué a menudo los gentiles son *más* eficientes para testificar a los judíos, sino cómo Dios les tuvo en mente, sin ser judíos, para que sean parte del proceso de alcance del pueblo para Yeshúa, el Mesías.

Cada uno realiza su trabajo testificando en su medio. Ya he comentado de lo alentador que es el momento en que vivimos para hablarles a los judíos de Yeshúa. Pero entienda también que todo esto viene al final de una sequía de dos mil años. El capítulo tres le da un vistazo a ciertos sucesos de la historia que tienen que ver con la «iglesia»[1] y su relación con el pueblo judío. Parte de la historia no es nada bonita. No informo esto para que se sienta culpable, sino para que se percate —en caso de que no lo haya hecho—, de que hay algunos motivos por los que el pueblo judío se resiste a saber de Yeshúa.

El último capítulo de la primera sección le ofrece algunas sugerencias para que su testimonio adquiera más credibilidad. *Es* la Palabra de Dios, entregada con mucha oración, la que gana almas. Lo cierto es que el mensaje está ligado inextricablemente al mensajero. Como verá más adelante, el apóstol Pablo habló de este mismo asunto de la credibilidad.

Ahora enfoquémonos en usted, creyente gentil en Yeshúa, con un deseo sincero de difundir el amor del Mesías con su vecino judío. Hay

---

[1] De vez en cuando, notará que en el texto las palabras «iglesia» y «cristiano» aparecen entre comillas. Esto es para enfatizar que han habido individuos que aunque se denominan cristianos o se identifican con la iglesia, no se comportan siempre como verdaderos seguidores del Mesías. Esto es particularmente notable cuando se habla de ciertos sucesos históricos en relación con los judíos. Por lo tanto, estos términos son un poco confusos para mucha gente judía. A lo largo del libro, cuando me refiero a los verdaderos seguidores de Yeshúa (que dicho sea de paso, es como se dice Jesús en hebreo), uso con frecuencia el término creyente. Como verá en el capítulo siete, las palabras que empleamos en nuestra manera de testificar implican sentidos diferentes para diversas personas. Es mi deseo que usted se haga más receptivo a estos temas.

personas y fuerzas que lo desalentarán para que desista de su propósito. El siguiente capítulo le ayudará a mantenerse firme en su convicción de testificarles a las ovejas perdidas de la casa de Israel.

¿SE DEBE CONVENCER A LOS JUDÍOS DE QUE CREAN EN JESÚS?

— o —

¿Debería dejar en paz
a mi vecino judío?

Algo extraño está ocurriendo en algunas de las principales denominaciones cristianas. Los teólogos lo llaman *liberalismo*, el apartarse del mensaje claro y sencillo del evangelio: que Yeshúa murió para pagar la deuda del pecado, y que al aceptar su obra redentora a nuestro favor se nos otorga vida eterna.

Consecuentemente con esta posición, muchos líderes están alejando a sus denominaciones e iglesias de la evangelización del pueblo judío. Lo hacen con buena intención, tratando de identificarse con los que sufrieron siglos de prejuicio y persecución en nombre del «cristianismo». Sin embargo, le hacen un daño eterno al retener y no darles a conocer las buenas nuevas del Mesías, Yeshúa. No presentarle el mensaje de salvación al pueblo para el cual fue diseñado en primera instancia es, sin saberlo, un acto de antisemitismo.

Me imagino que no está de acuerdo con esos líderes eclesiásticos. Eligió este libro para aprender más acerca de cómo presentar al Mesías a su pueblo. Pero debido al compromiso que algunos tienen de *no* hablar del Mesías con los judíos, es muy importante que sepa por qué debe hacerlo. Aparte del hecho de que Yeshúa murió para pagar por los pecados de todos, tanto judíos como gentiles, le hablaré ahora de cuatro razones convincentes para presentar el Mesías al pueblo hebreo.

Nos identifica con nuestros héroes espirituales

Como me crié en Maryland, siempre esperaba los primeros fríos del otoño. Eso quería decir una cosa: ¡llegaba la temporada de fútbol americano! Y al igual que otros chicos, tenía mi héroe. Se llamaba Johnny Unitas, el mariscal de campo (*quarterback*) del entonces equipo los Baltimore Colts. «Johnny U», como lo llamábamos, era quizá el mejor mariscal de campo que jamás haya jugado este deporte. Como yo jugaba esa posición también, era natural que me identificara con él. Llevaba su número en mi camiseta (el diecinueve). Trataba de lanzar la pelota de la misma manera que él. Incluso me corté el pelo tipo militar, como él. Intentaba lo más que podía, copiar todos los detalles de la vida de mi héroe.

Cuando el invierno se derretía convirtiéndose en primavera, el fútbol americano se me iba de la cabeza y el béisbol ocupaba mi joven mente. Fue entonces que Mickey Mantle vino a ocupar un lugar prominente en mi pedestal de héroes. Después de pasar mis primeros y formativos meses de vida en el Bronx, comprometí mi lealtad de una manera natural al equipo de los Yankees de Nueva York, los «Bombarderos del Bronx». Allá por los cincuenta, «Micky» era el hombre a imitar. Lo que el Micky hiciera, eso deseaba hacer yo también.

Imitar personas modelo y con éxito es una forma de poder llegar a tener una vida victoriosa. La gente de negocios que desea superarse, lee revistas como *Forbes* o *Fortune*. Aquellos que desean vivir una vida de éxito van a conferencias de superación personal para aprender cómo lo logran los «ganadores». ¿Quién desea tener un entrenador de ejercicios aeróbicos gordo y torpe? Si el famoso entrenador Richard Simmons engordara, nadie creería en la eficacia de sus ejercicios, ni sudaría las canciones con él. Dejaría de ser un modelo a seguir.

Al ver las Escrituras, hallamos algo interesante en los que deberían ser nuestros modelos de vida espiritual: Tenían gran interés por la salvación del pueblo judío.

Moisés es un héroe espiritual para muchos. Aunque no logró su meta final de introducir a Israel *en* la tierra prometida, los condujo *hacia* ella. Aun cuando su propia gente le causó bastante *tsuris* (que en el dialecto judío significa «problemas»), nunca dejó de sentir carga por rescatarlos.

Después que los israelitas erigieron el becerro de oro, desobedeciendo claramente el primero de los Diez Mandamientos, Moisés intercede por ellos ante Dios:

Sin embargo, te ruego que les perdones su pecado. Pero si no vas a perdonarlos, ¡bórrame del libro que has escrito!

Éxodo 32:32

¿Se debe convencer a los judíos de que crean en Jesús?

Moisés estaba dispuesto a dar su vida por su gente pródiga y rebelde. El apóstol Pablo es también un muy conocido modelo a seguir. Aunque se declara como el «apóstol a los gentiles», así como Moisés, sentía una gran carga por su pueblo. En medio de su epístola doctrinal a la iglesia en Roma, que en su mayoría era gentil, Pablo se inspiró para expresar cómo se sentía respecto a este asunto:

Me invade una gran tristeza y me embarga un continuo dolor. Desearía yo mismo ser maldecido y separado del Mesías por el bien de mis hermanos, los de mi propia raza, el pueblo de Israel.

Romanos 9:2-4.

Los creyentes en Yeshúa lo escogen como el modelo definitivo para el crecimiento espiritual. Pablo enseñó que «a los que Dios conoció de antemano, también los predestinó a ser transformados según la imagen de su Hijo» (Romanos 8:29). Este modelo sentía un profundo interés por su gente, los judíos. Al llorar sobre Jerusalén, Jesús exclamó:

«¡Yerushalayim, Yerushalayim, que matas a los profetas y apedreas a los que se te envían! ¡Cuántas veces quise reunir a tus hijos, como reúne la gallina a sus pollitos debajo de sus alas, pero no quisiste!»

Mateo 23:37

Esta es una de las muchas declaraciones que revelan el amor del Mesías por su gente. Aun muriendo en la cruz, le extendió su compasión a sus confundidos y engañados hermanos e incluso a los romanos que lo crucificaron, diciendo: «Padre, perdónalos, porque no saben lo que hacen» (Lucas 23:34).

Estos ejemplos son muestra de que Moisés, Pablo, e incluso Yeshúa el Mesías, tenían una carga común por la salvación de su gente judía. Todos estuvieron dispuestos a sacrificarse para lograr dicha meta. Si usted desea parecerse más a los héroes de las Escrituras, tiene que sentir la misma carga: que muchos de Israel puedan recibir el perdón y el amor de Dios.

Es una buena inversión

McCandlish Phillips, antiguo reportero del *New York Times*, declaró lo siguiente en su fascinante libro *The Bible, The Supernatural, and the Jews* [La Biblia, lo sobrenatural y los judíos]:[2]

> Los judíos tienen influencia social y cultural. No pueden evitar ser un pueblo influyente. En cualquier sociedad en que estén, los judíos tienen una influencia desproporcional al número de ellos. Impactan la historia de la nación, así como la cultura. Hasta cierto punto la historia y la cultura de esa nación darán un vuelco gracias a lo que hagan algunos judíos. Ser influyentes está escrito por el dedo de Dios en la propia naturaleza de los judíos.

La segunda razón para darle a conocer el evangelio al pueblo judío es que es una buena inversión de amor y tiempo. ¿Por qué? Por el celo que tiene Dios por el pueblo judío.

Considere el enorme impacto a nivel individual que los judíos han tenido en la historia. Por ser pocos en números, el impacto *es* desproporcionado. Phillips nos hace recordar a Moisés, Yeshúa, Marx, Freud y Einstein. Declara que «tales judíos tuvieron un enorme impacto e influencia en los asuntos de la humanidad». Según M. Hirsch Goldberg, en su entretenido e inspirador libro *The Jewish Connection* [El enlace judío]:[3]

> Mark Twain, que sondeara en su tiempo el amplio radio de acción de los judíos, bromeó diciendo que debían haber al menos unos veinticinco millones de ellos viviendo en Estados Unidos. Claro está que en ningún momento, en que vivió Twain, hubo más de dos millones de judíos en el país. Twain, amigable en general con los hebreos, sencillamente expresaba un sentimiento común entre amigos y enemigos: Pareciera que los judíos están por todos lados.

(¡Twain también señaló que la mera existencia de los judíos como un pueblo intacto es prueba convincente de la existencia de Dios!)

---

[2] *The Bible, The Supernatural, and the Jews,* Bethany Fellowship, Minneapolis, 1970, p. 279.

[3] *The Jewish Connection,* Stein & Day, Nueva York, 1976, p. 107.

¿Cambiarían tanto las cosas desde que Twain escribió estas declaraciones? Creo que no. Los judíos aún influyen en el mundo alrededor de ellos. En la política: desde Henry Kissinger hasta Madeline Albright (que recién descubrió que era judía). En la música: desde Leonard Bernstein hasta Kenny «G» (de apellido Gorelick). En los deportes: desde el comentarista Howard Cosell hasta el comisionado de béisbol David Stern. En la pantalla chica: de George Burns hasta Jerry Seinfeld. En la pantalla grande: desde Paul Newman hasta Michael Douglas.

Esta influencia desproporcionada, que no se limita a las categorías o ejemplos antes mencionados, es algo que el apóstol Pablo describió en Romanos 10:1-2:

> Hermanos, el deseo de mi corazón, y mi oración a Dios por los israelitas, es que lleguen a ser salvos. Puedo declarar en favor de ellos que muestran celo por Dios, pero su celo no se basa en el conocimiento.

Este celo, esta influencia, se la dio Dios al pueblo judío para traer bendición al mundo entero. Eso fue lo que le prometió a Abram: «¡Por medio de ti serán bendecidas todas las familias de la tierra!» (Génesis 12:3).

Fue una bendición para el mundo que dos judíos, Salk y Sabin, vencieran la polio. Ha sido un bendición disfrutar los talentos teatrales y cómicos de Milton Berle, Jack Benny, Jerry Lewis y Dustin Hoffman. ¿Quién no estaría de acuerdo en que, después de un arduo día de trabajo, es una bendición llegar a casa y ponerse el par de pantalones vaqueros Levis más cómodos que uno tiene (de la marca Levi Strauss) o unos Calvin (de Calvin Klein)?

Considere las variadas maneras constructivas, obras de caridad y ayuda que los judíos han aportado a la medicina, la música, el cine, las ciencias, la literatura, el arte y la erudicción. En verdad, la combinación del talento y el celo que Dios les dio han resultado para bien de la humanidad. ¡Imagínese que bendición será para el reino de Dios cuando este tipo de dote se convierte en algo dedicado completamente a Dios y al Mesías!

Los judíos en los días de Yeshúa, tal como los ortodoxos en la actualidad, tenían un celo tremendo por Dios, pero ese celo no iba a la par de la completa revelación bíblica. Es lamentable, pero el pueblo judío de entonces y de ahora, en su mayoría, perdieron al Mesías. Pablo escribió:

> No conociendo la justicia que proviene de Dios, y procurando establecer la suya propia, no se sometieron a la justicia de Dios.
>
> Romanos 10:3

Este intento por alcanzar la justicia a través de las buenas obras puede observarse más claramente durante los días santos y festivos judíos que en ninguna otra época del año. El pueblo hebreo abarrota las sinagogas esperando que gracias a su asistencia y oraciones recitadas alcanzarán el perdón de sus pecados; aunque el templo ya no exista ni tampoco el sistema de sacrificios. Aun cuando esos días sagrados logren que mi gente considere sus caminos, no es suficiente. Solo el sacrificio de Yeshúa puede lograrlo.

La euforia de esas fechas festivas es lo que pudiéramos llamar «el celo mal canalizado». Enfocado en las necesidades del mundo, este fervor trae bendición al mundo. Cuando esta pasión dada por Dios se vuelve en su contra, crea problemas. Carlos Marx, autor de *El manifiesto comunista*, fue un judío que propagó una manera de vivir atea como parte del comunismo. De otra forma, cuando el celo se enfoca en Dios, trae bendición al pueblo de Dios.

El ímpetu que Dios puso en los judíos, a menudo encuentra su forma de expresión en cosas que no son hebreas ni específicamente bíblicas. Mi propio «celo mal canalizado» me llevó por sendas de confusión y peligro antes que Dios pusiera mis pies sobre tierra firme.

Al no ser un judío muy religioso, no sentía interés en guardar las leyes y tradiciones de mi pueblo. Puse la mira en la excelsa búsqueda de «la verdad». Dediqué mis primeros años de adulto a la sicología, filosofía y el estudio de las religiones del mundo. Al final, me iniciaron en lo que presentaban como algo nuevo, en el antiguo arte de la meditación trascendental, o conocido por M.T.: una manera sutil de presentar el hinduismo.

La meditación trascendental es un movimiento que alcanzó popularidad gracias a Maharishi Mahesh Yogi, un individuo que adquirió renombre cuando los Beatles se plegaron a sus enseñanzas. Este «gurú» trajo la meditación trascendental al mundo occidental. Presentado como una técnica de relajamiento, esta meditación prometió equipar a la gente para alcanzar su máximo potencial humano.

Corrían los últimos años de los sesenta. Las tensiones en los Estados Unidos eran fuertes. Los estudiantes se movilizaban para protestar contra la guerra en Vietnam. Las drogas y el divorcio eran una epidemia. Negros y blancos luchaban por la igualdad racial y los derechos civiles.

Viviendo en Washington D.C., la capital, sentí un tipo de tensión diferente a mi alrededor. El conflicto racial halló un lugar de expresión en la universidad en la que enseñaba, esto es Howard University, donde predominaban los negros; mis padres y los de muchas de mis amistades se estaban divorciando; repetidos desfiles por la «paz» marchaban no muy lejos de donde vivía. Una «técnica muy sencilla para calmar la tensión y el estrés» (otra sutil sugerencia de la meditación trascendental), era como lo que el doctor hubiera recetado.

Aun más, la posibilidad de alcanzar mi máximo potencial humano era muy tentadora. Eso había llegado a ser mi meta y creía que todos debían luchar por lo mismo.

Así que con el acostumbrado celo judío, me sumergí en la meditación trascendental, convirtiéndome pronto en un creyente que pensaba que la salvación del mundo dependía de que todos meditaran según los dogmas de esta teoría. Tan convencido estaba de eso que me enrolé en el programa de capacitación de maestros para poder «salvar» al mundo.

Debí observar en lo que me estaba metiendo desde el principio. La ceremonia de iniciación incluía presentar una ofrenda de fruta, flores e incienso a los dioses del hinduismo. Había también el pago de setenta y cinco dólares; lo que costaba encontrar a «dios» en ese tiempo. (Según dicen, la inflación ha elevado los precios.)

Debí sentir preocupación cuando el Maharishi presentó, en el programa de capacitación para maestros, las escrituras hindúes. Debí percatarme de que mi supuesto y «singular» *mantra* (ese sonido que repetía una y otra vez para ayudarme a meditar) era el mismo que los demás recibieron también.

Tenía que haber abierto los ojos cuando oí acerca de aquellos meditadores que después de largos cursos de meditación tenían crisis nerviosas. Cuando eso me absorbió cada vez más, debí haberme percatado de que la meditación trascendental era la antítesis del mensaje de amor de la Biblia. Pero como explicaré más adelante, eso no fue sino hasta que Dios mismo obró en mí y descubrí que mi celo mal canalizado era peligroso para mí y los demás.

Descubrí que la segunda persona al mando, después del Maharishi, era un hombre judío, al igual que José en la corte de faraón y Mardoqueo en el gobierno de Asuero.

Así también es un tanto sorprendente que otros miles de judíos («buscadores de la verdad», como nos llamaban) se unieran a esto como yo y nos llevaran hacia una religión totalmente extraña y diametralmente opuesta a la fe de nuestros padres.

Pablo, hablando del fenómeno de la incredulidad judía, dijo:

> Pero si su transgresión [la de los judíos] ha enriquecido al mundo, es decir, si su fracaso ha enriquecido a los gentiles [esto es, si Israel ha sido puesta en una condición temporal menos favorecida que la de los gentiles y está trayendo riquezas a estos últimos], ¡cuánto mayor será la riqueza que su plena restauración producirá!
>
> Romanos 11:12

Creo que lo que quiso decir es exactamente lo mismo que estoy tratando aquí. ¡Canalizar de nuevo este celo dado por Dios, enfocándolo hacia la obra divina (sobre todo en la proclamación del evangelio) es una herramienta de bendición potencialmente poderosa! Eso fue, después de todo, el propósito por el cual los judíos fueron originalmente creados y para lo que fueron llamados. ¡De acuerdo con Apocalipsis 7:4, eso es lo mismo que ciento cuarenta y cuatro mil judíos harán en un futuro no muy lejano!

Dios les dio a los judíos ese celo, un empuje y entusiasmo sobrenatural depositado en ellos para bendecir al mundo entero. En muchos aspectos de nuestras vidas, los judíos son en verdad una bendición. Pero tanto mayor será la bendición cuando ese celo, ese empuje, ese impulso, se sometan a los propósitos para los que fueron originalmente preparados: traer luz a las naciones, declarar el testimonio de un Dios vivo y fiel; dar a conocer al mundo el amor del Mesías.

Alcanzar al pueblo judío puede ser una gran inversión. Imagínese cómo cambiar el mundo para Dios canalizando ese celo.

Resultará

Hay algo a través de las Escrituras que casi no se enseña: el remanente. Este concepto explica por qué algunas personas buscan a Dios y deciden seguir sus caminos mientras otros no lo hacen. Debido a que este remanente existe hoy entre los judíos, Dios nos garantiza que nuestro testimonio producirá resultados.

Se pudiera decir que el remanente comenzó en el jardín de Edén. Abel era parte del remanente mientras que Caín no. Más tarde, Isaac participó del remanente e Ismael no. Jacob lo fue, pero no Esaú. Y la lista continúa.

En Romanos 11, Pablo analiza el problema en su argumento para evangelizar a los judíos. Y pregunta retóricamente:

Por lo tanto, pregunto: ¿Acaso rechazó Dios a su pueblo [para que los gentiles crean]? ¡De ninguna manera! Yo mismo soy israelita, descendiente de *Avraham* [Abraham], de la tribu de Binyamin [Benjamín]. Dios no rechazó a su pueblo, al que de antemano conoció. ¿No saben lo que relata el *Tanáj* [Antiguo Testamento] en cuanto a *Eliyahu* [Elías]? Acusó a Israel delante de Dios: «Adonai [Señor], han matado a tus profetas y han derribado tus altares. Yo soy el único que ha quedado con vida, ¡y ahora quieren matarme a mí también!» ¿Y qué le contestó la voz divina? «He apartado para mí siete mil hombres, los que no se han arrodillado ante Ba'al [Baal].» Así también hay en la actualidad un remanente escogido por gracia.

Romanos 11:1-5

Pablo se refería a siete mil creyentes fieles en los días de Elías que se mantuvieron firmes en Dios diciendo que también había un remanente en su día.

¡*Todavía* hay un remanente!

No ha habido, desde el primer siglo, tantos judíos que crean que Yeshúa es el Mesías prometido. Además de las cientos de congregaciones mesiánicas mencionadas en este país, hay miles de judíos que asisten a iglesias tradicionales. Como dijera antes, los cálculos estiman unos doscientos a trescientos mil. Este número quizá no parezca un porcentaje muy alto en comparación a la actual población hebrea estadounidense de unos seis millones. Pero un remanente es precisamente eso: un remanente. Y está creciendo.

Hace solo unas décadas, los que trabajaban en la evangelización judía cosechaban pocos frutos. Impertérritos por la poca respuesta, creyeron en lo que no podían ver: que había un remanente esperando para responder. Hoy, en parte quizá por su fidelidad, la labor de testificar al pueblo judío es bendecida con abundante respuesta. La simiente sembrada en el pasado está produciendo fruto maduro, mucho del cual está listo para la cosecha.

En ocasiones, al hablar del mensaje del Mesías con el pueblo judío, he visto resultados inmediatos. Hace poco ocurrió con una anciana hebrea de setenta y seis años que solo necesitó un pequeño empujón para que hiciera profesión de fe. En otra ocasión fue con un joven que vino a nuestra congregación. Así como el carcelero de Filipos, en Hechos 16, preguntó: «¿Qué tengo que hacer para ser salvo?»

Esto quiere decir que es completamente posible que *su* vecino, colega o amigo pueda ser parte del remanente, listo para responder a las buenas nuevas. Si aprende a comunicar el mensaje del Mesías con eficacia, puede ser ese que traiga la bendición de Dios a uno de sus escogidos.

Dios recompensará la siega

No entiendo por qué lo hace, pero la Biblia dice muy claro que Dios bendice a aquellos que bendicen a los judíos. Hay una promesa poco común en Génesis, dada primero a Abram, el padre del pueblo hebreo: «Bendeciré a los que te bendigan y maldeciré a los que te maldigan» (Génesis 12:3) Las Escrituras prueban muchas veces lo cierto de esta singular promesa. Y sigue siendo verdad en nuestros días.

Isaac, hijo de Abraham, se estableció en Guerar, la tierra de Abimélec, rey de los filisteos. No había afinidad entre la gente de Abimélec y la familia de Abraham. Aun así, cuando Abimélec vio cómo Dios había prosperado a Isaac, pese a la enemistad que los filisteos tenían hacia él, fue a Isaac y le dijo:

—Nos hemos dado cuenta de que el Señor está contigo —respondieron—. Hemos pensado que tú y nosotros debiéramos hacer un pacto, respaldado por un juramento. Este pacto será el siguiente: Tú no nos harás ningún daño, ya que nosotros no te hemos perjudicado, sino que te hemos tratado bien y te hemos dejado ir en paz. ¡Ahora *el bendecido del Señor eres tú*! (énfasis mío).

Génesis 26:28-29

Pelearan o no, Abimélec no quería estar del lado contrario a Dios.

En su lecho de muerte, Isaac le repite a Jacob, su hijo, la promesa de Dios: «Maldito sea el que te maldiga y bendito el que te bendiga» (Génesis 27:29). Aunque Isaac no sabía a qué hijo le estaba dando la bendición, está claro que deseaba reiterar la promesa de Dios respecto a que es mejor bendecir al pueblo judío que maldecirlo.

Esta advertencia permanece a través de la Biblia. El faraón egipcio que esclavizó a los israelitas es un caso clásico de alguien que desdeñó obtener bendición y recibió maldición. Él no iba a permitir que los israelitas hicieran un viaje de tres días al desierto para adorar a Dios, ¿y qué recibió a cambio? Un Nilo sangriento, ranas a montones, piojos, insectos, ganado muerto, tumores, granizo, langostas, tinieblas y la muerte de todos los primogénitos de Egipto. Y por último, perdió todos los obreros buenos cuando ocurrió el éxodo de los israelitas, y para colmo de males, su propio ejército fue destruido. Habría sido mejor para él, en primer lugar, aceptar el mensaje de Dios de bendecir a los judíos.

Rajab, la ramera, fue mucho más lista que el faraón cuando llegó el momento de bendecir o maldecir. Les dijo a los israelitas que habían ido a espiar a su ciudad de Jericó:

—Yo sé que el Señor les ha dado esta tierra ... Tenemos noticias de cómo el Señor secó las aguas del Mar Rojo para que ustedes pasaran ... Yo sé que el Señor y Dios es Dios de dioses tanto en el cielo como en la tierra. Por lo tanto, les pido ahora mismo que juren en el nombre del Señor que serán bondadosos con mi familia, como yo lo he sido con ustedes.

Josué 2:9-12

A diferencia de faraón, esta ramera no era tan orgullosa para no prestarle atención a Dios.

Hasta ahora el mejor ejemplo de bendición por bendición y

maldición por maldición se encuentra en el libro de Ester. Esto ocurre en el marco del Imperio Medopersa, cuando los judíos estaban cautivos y Amán era el primer ministro bajo el rey Asuero. Enfurecido porque Mardoqueo, un judío, no se inclinaba ante él, mandó a hacer una horca de veinticinco metros por el simple placer de contemplar la ejecución de este «rebelde». Y para colmo, consiguió que el rey firmara un decreto ordenando la muerte de todos los hebreos. Como lo registra el libro de Ester, debido al deseo de Amán de castigar a los judíos, Dios revirtió la maldición (Ester 7:10). Al propio Amán lo ahorcaron con su propia soga.

¿Dónde están los poderosos que han maltratado al pueblo judío a través de las edades? ¿El Imperio Romano? ¿Los nazis? Un recuento de país por país mostraría el levantamiento y la caída de los que se atrevieron a tocar la niña del ojo de Dios. Y desde tiempos antiguos, la existencia y la bendición del pueblo hebreo perdura como testimonio de la fidelidad de Dios.

Mateo 25:31-40 recoge el mensaje de Yeshúa acerca de la bendición final en el ocaso de esta era. Cuando el Hijo del Hombre regrese, reunirá a todas las naciones ante él y los separará como un pastor separa las ovejas de las cabras. Esta separación se basará en el trato que las naciones le dieron a Yeshúa. ¿Le dieron de comer cuando tenía hambre? ¿Le dieron de vestir cuando estaba desnudo? ¿Lo visitaron cuando estaba en la cárcel?

Los justos estarán confundidos:

«Señor, ¿cuándo te vimos hambriento y te alimentamos, o sediento y te dimos de beber? ¿Cuándo te vimos como forastero y te dimos alojamiento, o necesitado de ropa y te vestimos? ¿Cuándo te vimos enfermo o en la cárcel y te visitamos?»

Mateo 25:37-39

Yeshúa explicará que su identificación con su pueblo es tan completa que la actitud hacia ellos se experimenta en una forma personal.

El Rey les responderá: «Les aseguro que todo lo que hicieron por uno de mis hermanos, aun por el más pequeño, lo hicieron por mí.»

Mateo 25:40

Algunos interpretan la expresión «de mis hermanos» como si se refiriera solo a los cristianos. Incluso he oído que esto se refiere a los niños porque las palabras «el más pequeño» se usan para describir a estos «hermanos». Pero dado el concepto de «bendición-maldición», establecido por completo en las Escrituras, y tratándose del contexto del pasaje, me parece que el Mesías se refiere exclusivamente a los judíos. Recuerde que, aun cuando murió por *todos*, tenía una carga particular por sus hermanos de sangre. Por supuesto que por esto no cambiaría los planes del Padre en cuanto a cómo tratar al pueblo escogido.

En 1980 tuve el privilegio de predicar en una de esas megaiglesias de California. Como es mi costumbre, le pregunté al pastor cómo iban las cosas en su congregación. ¡Estaba interesado específicamente en saber qué era lo que creía que había causado un crecimiento tan increíble!

«Barry», me confesó, «siempre operábamos en rojo, gastando más de lo que entraba. Y no fue sino hasta que me comprometí a seguir la exhortación de las Escrituras en cuanto a cuidar de los hermanos de Yeshúa, que el Señor empezó a bendecirnos. Desde que empezamos a invitar a un misionero judío para que nos hablara al principio de cada año a fin de sostener las misiones judías, estamos operando en positivo, *nunca más* tuvimos déficit. ¡Es por eso que te tenemos aquí el primer domingo de enero!» Esto es una evidencia más de que Dios cumple su promesa de bendecir a quienes bendicen a los judíos.

Dios eligió usar a los hebreos, *cualesquiera* que sean sus propósitos, como una prueba. Mi pueblo no fue elegido porque fueran mejores que nadie. Lo fuimos para mostrar al mundo la gracia y la fidelidad de Dios. Como está escrito:

> Porque para el Señor tu Dios tú eres un pueblo santo [elegido]; él te eligió para que fueras su posesión exclusiva entre todos los pueblos de la tierra.
>
> Deuteronomio 7:6

Dios cuida en gran manera a su pueblo escogido, tanto que estuvo dispuesto a sacrificar al mejor judío que haya vivido para hacer expiación. Si Dios es capaz de hacer tanto por su pueblo, se deduce que derramará de igual manera grandes bendiciones sobre los que ama y quiere. Esa es su voluntad.

«¡Te tengo buenas noticias!»

¿Recuerda el comercial de la margarina que decía: «No te metas con la madre naturaleza»? Una declaración más verdadera es «No te metas con Dios el Padre *o* con sus hijos escogidos».

Como dije antes, existe mucha oposición para hablarle al pueblo hebreo acerca del Mesías. Cuando halle resistencia, o sus mejores intenciones enfrenten el desprecio, será entonces cuando querrá recordar todo lo que Dios prometió a los que les brinden bendiciones a los judíos, sobre todo la mayor de todas: la salvación.

Usted querrá mantener en su mente que cuidar del pueblo judío fue el distintivo de los héroes de nuestra fe. Recuerde que traer al pueblo judío al reino es una buena inversión para la eternidad. No olvide que su vecino puede ser parte de ese remanente. Y, por último, recuerde que Dios prometió bendecirle si bendice a su amigo judío presentándole al Mesías.

Ahora que tiene esto claro en su mente, permítame anticiparle una duda que pueda tener. La oigo con frecuencia cuando hablo en las iglesias.

«Muy bien, mi deseo es ver al pueblo hebreo salvo, pero ¿no es ese el trabajo de otros judíos y misioneros profesionales entre los judíos? ¿Puedo yo, un gentil sin preparación, jugar un buen papel hablándole al pueblo hebreo acerca de Yeshúa?»

¡Mi respuesta inequívoca para usted es *SÍ!*

2

¡LOS GENTILES PUEDEN PARTICIPAR EN LA EVANGELIZACIÓN JUDÍA!

— o —

¡Incítelos al celo!

A finales de los sesenta tuve que encarar una difícil decisión. La guerra de Vietnam estaba en su furor. La lotería del servicio obligatorio estaba operando. Mi número era bajo. Así que decidí cumplir mi obligación militar uniéndome al Cuerpo de Guardacostas de Reserva de los Estados Unidos. Después de seis meses de servicio activo, me asignaron a una unidad de reservistas en Washington D.C., comprometiéndome a servir un fin de semana al mes.

Una de las tareas más detestables que tuve que hacer fue «fregar el piso». No era que el trabajo fuese duro, sino que el piso ya lo habían limpiado los «encargados» antes de su partida de fin de semana. Me indigné por tener que limpiar un piso pulcro. Estaba claro que esto se hacía para mantenernos ocupados.

Uno de mis compañeros sufrió conmigo esta aburrida tarea, pero era obvio que no estaba de acuerdo con mi mala actitud hacia la misma. Mientras murmuraba, refunfuñaba, me lamentaba y quejaba, ¡mi amigo Loren tenía la butzpah («osadía» en al argot semita) de silbar y cantar! ¡Me volvió loco! Después de todo, ¿no era yo el que a través de la meditación trascendental debía estar aprendiendo a alcanzar paz interior y relajamiento?

Llegó el día en que tuve suficiente.

—Loren —le dije—, ¿qué te ha pasado que te ves tan feliz?

Mi manera de hablar se hizo un tanto grosera en mis seis meses de servicio activo.

La respuesta de Loren fue muy sencilla, pero cambió mi vida. Sonriendo, me dijo:

—¡Tu Mesías vive en mi corazón!

—¿Mi Mesías?, ¿qué está haciendo *mi* Mesías en *tu* corazón?

Exclamé en alta voz de una manera poco apacible. Entonces vacilé por un momento.

—Además —añadí—, ¿quién *es* mi Mesías?

Loren me explicó que Jesús era el Mesías, enviado primeramente a mi pueblo, los hebreos. Si lo aceptaba en mi vida, encontraría paz. ¡La paz verdadera!

Sentí envidia. Él parecía poseer algo genuino, que valía la pena. Lo que fuera, seguro que no lo estaba alcanzando con la meditación trascendental. Aunque no iba a tomar una decisión en cuanto a Jesús sin estudiarlo seriamente, Loren plantó la semilla del deseo en mi alma. En definitiva, ese deseo halló su realización en Jesús, Yeshúa, el Mesías.

Pablo pregunta retóricamente, en Romanos:

Ahora pregunto: ¿Acaso tropezaron para no volver a levantarse? ¡De ninguna manera! Más bien, gracias a su transgresión ha venido la salvación a los gentiles, *para que Israel sienta celos.*

Romanos 11:11 (énfasis del autor)

En la Torá, los cinco libros de Moisés, el Señor le dijo a Israel: «Haré que ustedes sientan envidia de los que no son pueblo» (Deuteronomio 32:21). Pablo citó este versículo en Romanos 10:19 para explicar cuál sería el método de Dios para alcanzar a su pueblo. Lo lograría a través de las naciones, o sea, los gentiles.

Eso se hizo realidad en mi vida así como en las de muchos judíos que recibieron al Mesías gracias al testimonio de un creyente no judío. Muchos son «instigados a sentir celos» de los que no son pueblo.

Sin duda, conoce Mateo 28:19, comúnmente llamado la Gran Comisión: «Por tanto, vayan y hagan *talmidim* [discípulos o estudiantes en hebreo] de todas las naciones, bautizándolos en el nombre del Padre y del Hijo y del *Ruach HaKodesh* [Espíritu Santo].» Este versículo es apropiado y motivador para recitarlo cuando se envían misioneros al campo de trabajo. Pero recuerde, esta comisión no se les dirigió a los gentiles. Se la dio Jesús a un grupo de judíos.

Se les dijo que cumplieran su llamado como judíos. Comenzando en Jerusalén (Lucas 24:47), debían difundir el mensaje primeramente entre los judíos y luego al resto de las naciones del mundo, esto es, los gentiles; y hacer discípulos de todos ellos. Casi seguro que está leyendo este libro en algún lugar fuera de Jerusalén, por tanto, podemos concluir que la obra que aquellos *shlikhim* (apóstoles en hebreo) judíos comenzaran hace unos dos mil años fue en verdad eficaz.

La Gran Comisión se les dio directamente a los judíos, pero creo que Dios tiene otra para los gentiles también, y es esa que muchos de estos usaron eficientemente para testificar al pueblo judío. Yo la llamo «la Gran Comisión Gentil». Usted ha estado precisamente leyendo acerca de esto: «¡Incite a los judíos a tener celos!»

A estas alturas se estará preguntando: «¿No será una manera inadecuada del proceder de un creyente hacer que la gente sienta envidia?» Es posible que no le parezca bien, pero Pablo no sugirió que asumiera una actitud de «más santo que nadie» o de simple condescendiente. Tampoco le estaba sugiriendo a los gentiles que adoptaran un aire de superioridad hacia los judíos. En efecto, le habló a la congregación en Roma acerca de la importancia de tener una perspectiva adecuada hacia los judíos.

> Pero si su transgresión ha enriquecido al mundo, es decir, si su fracaso ha enriquecido a los gentiles, ¡cuánto mayor será la riqueza que su plena restauración producirá!
>
> Romanos 11:12

Pablo comenta que la transgresión del pueblo judío o su alejamiento del evangelio apresuró la llegada del mismo a los gentiles. Por ejemplo, Pablo les dijo a sus oyentes hebreos: «Era necesario que les anunciáramos la palabra de Dios primero a ustedes [los judíos]. Como la rechazan ... ahora vamos a dirigirnos a los *goyim* [gentiles]» (Hechos 13:46). Si esta transgresión de los judíos significó vida para los gentiles, cuánto más bendecido será el mundo en el cumplimiento del tiempo cuando los judíos lleguen a creer.

En otras palabras, los creyentes deben esperar el día en que el pueblo hebreo se sienta satisfecho en el Mesías. ¡Qué bendición será cuando el cuerpo del Mesías rebose otra vez de judíos como al principio!

Pablo, en su discusión acerca del olivo en Romanos 11, advirtió aun más a la congregación en Roma que tuvieran una buena actitud hacia el pueblo judío incrédulo. Describió al pueblo hebreo como las ramas naturales de un olivo y a los gentiles como las ramas silvestres.

Recuerde que «en primer lugar, a los judíos se les confiaron las palabras mismas de Dios» (Romanos 3:2); los gentiles eran paganos en su mayoría, adoraban ídolos, sacrificaban niños, participaban en rituales impíos y creían en numerosas supersticiones. Por tanto, al aceptar al Mesías, los gentiles fueron «injertados» como ramas naturales del olivo.

Pablo advirtió a los creyentes gentiles que aun cuando ahora fueran parte del árbol y aunque algunas ramas naturales se separaron del árbol por incredulidad (Romanos 11:20), los gentiles en el «cuerpo» no debían creerse superiores a los judíos que aún no habían creído. Estos todavía representaban la «raíz» del árbol que Dios cultiva hace casi dos mil años. Pablo les dice:

> No te vayas a creer mejor que las ramas originales. Y si te jactas de ello, ten en cuenta que no eres tú quien nutre a la raíz, sino que es la raíz la que te nutre a ti ... si tú fuiste cortado de un olivo silvestre, al que por naturaleza pertenecías, y contra tu condición natural fuiste injertado en un olivo cultivado, ¡con cuánta mayor facilidad las ramas naturales de ese olivo serán injertadas de nuevo en él!
>
> Romanos 11:18,24

El propósito de Pablo era enseñar a los gentiles a tener la actitud adecuada. Dios nunca «dejó de elegir» a su pueblo escogido. Aunque le desobedecieron, como hacían a menudo, los siguió queriendo como si fueran de él, a pesar de su castigo, y los buscó para guiarlos al arrepentimiento. «Porque las dádivas de Dios son irrevocables, como lo es también su llamamiento» (Romanos 11:29).

En otro lugar, Pablo escribió acerca del pueblo judío:

> De ellos son la adopción como hijos, el Sh'khiná [la gloria divina o presencia de Dios], los pactos, la Torá [ley], y el privilegio de adorar a Dios y contar con sus promesas. De ellos son los patriarcas y de ellos según la naturaleza humana, nació el Mesías [Cristo], quien es Dios sobre todas las cosas.
>
> Romanos 9:4-5

La bendición de la herencia judía y el llamado de llevar a cabo el propósito de Dios no ha cambiado. Los dones con los que Dios ha equipado a su pueblo para su propósito, contribuyen al bien del mundo entero.

Con una actitud de humildad y agradecimiento para poder incitar un celo piadoso, usted como gentil puede ser un testigo más eficiente al pueblo hebreo que muchos creyentes judíos. Puede hacer que su vecino semita desee la paz y la felicidad interna que tiene en su vida. Lo sé porque eso resultó para atraerme al Mesías. Y lo mismo ocurrirá con otros también.

3

EL ANTISEMITISMO Y LA IGLESIA

— o —

Los «cristianos» no siempre

son buenos vecinos

Los judíos casi *esperan* que los creyentes traten de evangelizarlos. Reconocen a Billy Graham al encontrarlo en alguna de sus campañas que transmiten por televisión. La evangelización es vista como el comportamiento esperado de un cristiano, por eso nadie se da por ofendido.

Ahora bien, debe recordar la horrenda historia de las relaciones «cristiano-judías». Es difícil para el pueblo hebreo distinguir al Jesús genuino a través de un lente de casi dos mil años de persecución contra ellos en nombre de él.

Este capítulo examinará brevemente algunos de los horrores acontecidos al pueblo escogido por Dios «en nombre» de Jesús. No es mi intención llevar a la iglesia «a un viaje de culpabilidad». Tampoco quiero decir que el cristiano del siglo veinte tiene la responsabilidad de todas las atrocidades acaecidas a los judíos por manos de los que no practican el amor cristiano. Por otro lado, deseo que se familiarice con el pobre expediente de las relaciones «cristiano-judías» de manera que le ayude a entender la posición defensiva que asuma su vecino judío al tratar de asegurarle el amor de Yeshúa el Mesías.

El pequeño pueblo donde me crié, Maryland, era como nuestro país en miniatura. Teníamos una pequeña liga de béisbol para los jovencitos. Había una piscina pública. Todos iban a los deslumbrantes espectáculos del cuatro de julio. Mientras que en algunas ciudades se solía demarcar de manera natural las zonas limítrofes entre el barrio negro y la sección italiana, la parte irlandesa de la judía, nuestro pueblo era una combinación de sabores, una mezcla de todo tipo de gente conviviendo en paz.

Debido a esta inusual mezcla, muchos de mis amigos no eran judíos. Algunos eran protestantes, otros eran católicos. Nunca parecía importar eso mucho. ¡Lo relevante en verdad era quién podía batear la pelota más lejos!

Hasta que hice mi *Bar Mitzvah*.

A la edad de trece años, los chicos judíos celebran una ceremonia conocida como Bar Mitzvah, que quiere decir literalmente «Hijo del mandamiento». Nos ponemos enfrente de nuestras sinagogas, leemos las Escrituras, damos un discurso y tomamos nuestro lugar de «adultos» en la comunidad judía. El Bar Mitzvah no es cualquier cosa; requiere años de preparación.

Por varios días a la semana, antes de la fecha de mi Bar Mitzvah, tuve que irme más temprano de los entrenamientos de béisbol para poder emplear tiempo con el rabino; para estudiar hebreo, escribir y ensayar mi discurso y prepararme para recitar la porción asignada de las Escrituras. Mis amigos no se daban cuenta del significado de este importante rito y demostraban su disgusto. Eso me hizo probar el antisemitismo por primera vez.

Una tarde de junio me resultó difícil creer que mi mejor amigo, Kenny, me empezara a ridiculizar frente a los otros muchachos diciendo: «Barry está tomando esas clases raras de hebreo.» Sus palabras fueron como un aguijón. Había un tono de burla en su voz. Los otros chicos empezaron a murmurar que sus padres les habían dicho que nosotros los judíos habíamos matado a Cristo. Fue el momento más desagradable de mi vida.

Ese tipo de prejuicio es producto de dos mil años de antisemitismo «cristiano». ¡Es ese tipo de antisemitismo que pondría enfermo a cualquier creyente genuino! Es triste, pero usted está bajo la sombra de esos hechos tan horrendos.

Más adelante veremos lo que puede hacer para aliviar la tensión que se ha levantado entre judíos y «cristianos». Recuerde que traigo esta historia a relucir para ayudarle a entender lo que su vecino o amigo judío tiene en la mente cuando comienza a oír acerca del amor de Jesús el Cristo.

Los judíos y el Imperio Romano

¿Cómo se sentiría si le dijeran que ya no puede saludar la bandera de su país? ¿Y si le prohibieran tener un arbolito de Navidad? ¿Qué ocurriría si las opiniones expresadas en sus comentarios bíblicos las denigraran en público y dichos libros se quemaran?

¿Y si le impidieran adorar a Dios como usted quiera?

¿Y cómo se sentiría respecto a los que le impongan esas represiones?

Esto no es un escenario ficticio. Estos eran los tipos de leyes impuestas a los judíos por el gobierno romano y más tarde la Iglesia Católica.

Cuando la verdadera Iglesia comenzó, casi todos sus miembros eran judíos. Ellos no se veían como si estuvieran iniciando una nueva religión. En efecto, no sabían qué hacer con los gentiles que querían unirse a adorar al Mesías.

Los Hechos de los Apóstoles (15:2) registran «una discusión y contienda no poco pequeña» en relación a los gentiles que se convertían a Yeshúa. Conocido como el Concejo de Jerusalén, los líderes de la iglesia primitiva discutían efusivamente si los gentiles que creían en Jesús tenían que seguir la ley de Moisés y ser circuncidados. Ciertamente esta preocupación señala lo hebraico de la primera iglesia.

Con el paso del tiempo, los creyentes hebreos se fueron separando poco a poco de la comunidad judía. Cuando los cristianos huyeron de Jerusalén antes de la destrucción del templo, obedeciendo las advertencias proféticas de Jesús, la división se marcó mucho más. En el Concilio de Yavneh, a fines del primer siglo, se escribió una maldición en cuanto a los «sectarios», es decir, los judíos creyentes en Jesús. Fue como una oración pidiendo la desaparición de estos judíos de la sinagoga. Entonces en el año 134 E.C.[1] Los creyentes hebreos se opusieron a sus paisanos líderes al negarse a participar en la revuelta de Bar Koshbá porque se alababa a su dirigente militar como el Mesías.

Esta división se convirtió en un abismo. Los judíos creyentes en Jesús, a quienes se veían como traidores, se separaron más aun de la fraternidad con la comunidad judía.

Al aumentar esta separación entre creyentes y judíos, Roma empezó

---

[1] En vez de usar las siglas A.D., en latín *Anno Domini*, «año de nuestro Señor», he preferido usar E.C., que quiere decir «Era Común». Así es como los judíos se refieren a este mismo período. Puesto que la mayoría no acepta a Jesús como Señor, les cuesta usar las siglas A.D. Así que emplearé las siglas A.E.C., para «Antes de la Era Común» en lugar de a.C., es decir, «antes de Cristo», con referencia a las fechas anteriores al nacimiento del Mesías. El propósito de esto es que sea más sensible a la hora de hablar con el pueblo judío.

a limitar la identidad y las formas de adoración hebreas. A los pertenecientes a la comunidad judía se les llamaba «supersticiosos» porque creían en un Dios que no podían ver. También se les tildó de despreciadores de la humanidad al no querer participar de las ceremonias paganas que tanto prevalecían en el Imperio Romano. Puesto que toda celebración pública en Roma estaba permeada de significado religioso, a los judíos se les llamaba antipatriotas por no querer participar. Por ejemplo, en Egipto, que formaba parte del imperio, se modificó el relato del juicio de Dios a faraón. Se decía que los judíos eran leprosos expulsados de Egipto y no el pueblo escogido liberado por Dios.

Una lucha tremenda se desató entre el judaísmo, es decir, el estilo de vida de los judíos, y el helenismo, la manera de vivir de los romanos (y de sus predecesores los griegos). Para tratar de eliminar al pueblo hebreo como una entidad diferente, el emperador Adriano prohibió la circuncisión, la observancia del sábado, las fiestas judías, las escuelas rabínicas, el estudio de la Torá (los cinco libros de Moisés) y varias cosas más.

Aunque los romanos obstaculizaban la práctica del judaísmo, de cualquier forma los judíos se mantuvieron intactos como pueblo.

Se enterará de que fue el estudio de la Torá y el Talmud (los escritos codificados de los rabinos) lo que mantuvo unido al pueblo judío. Quizá Dios usó eso, casi de una manera milagrosa, para que el emperador Vespasiano permitiera a Yochanan ben Zakki, un famoso fariseo del primer siglo, que comenzara un seminario en Yavneh, el que más tarde se convertiría en centro de estudios judíos. Esa educación en verdad ayudó a los judíos a mantenerse como pueblo.

Al comienzo del dominio del imperio hubo una separación entre los creyentes judíos y la comunidad judía; así como una presión sobre todos ellos para que adoptaran el estilo de vida romano. Esto fue lo que sentó las bases para el sentimiento antijudío que se vio en los siglos subsiguientes.

Es de notar que durante este mismo período había muchos creyentes e incrédulos judíos viviendo en el Imperio Romano. Muchos de los primeros eran prominentes líderes eclesiásticos.

Los judíos y el dominio romano posterior

Muchos de los gentiles que vivían en el Imperio Romano adoptaron el «cristianismo» cuando el emperador Constantino (años 306-337) lo declaró como la religión del estado. Fueron pocos en la iglesia los que objetaron las nuevas tradiciones antisemíticas que instituyó Constantino. Por el año 400, ya no se les permitía a los judíos que hicieran prosélitos. Tampoco podían tener esclavos que no fueran judíos. La «iglesia» prohibió los matrimonios mixtos e instigaba a que los cristianos no tuvieran contacto con los judíos. Algunos de los líderes, quienes decían ser seguidores del judío Jesús, empezaron a predicar en contra del pueblo hebreo.

Estos hechos hallaron poca resistencia eclesiástica ya que uno de los padres de la iglesia del siglo segundo llamado Justino Mártir puso las bases para el antisemitismo. Él acusó a los judíos de incitar a los romanos a que mataran cristianos. Orígenes, que murió en el año 251 E.C., acusó a los judíos de estar maquinando para matar a los cristianos. Aun Juan Crisóstomo (344-407 E.C.), conocido como «el obispo del pico de oro», llamó a los judíos indignos, avaros, asesinos de Cristo y adoradores del diablo. Declaró desde el púlpito que nunca podría haber perdón para ellos y que era «obligatorio» para los cristianos odiarlos. Jerónimo, contemporáneo de Crisóstomo y traductor de la Vulgata Latina, dedicó uno de sus conocidos ensayos a de los judíos. Lo irónico es que aprendió el hebreo de un rabino.

Con ese tipo de apoyo eclesiástico se efectuaron otros cambios en contra de los judíos. El domingo, como día que se celebraba la resurrección, se convirtió en el día sabático. La Pascua vino a ser Istar, siendo este el nombre de una diosa pagana. Los ritos de la fertilidad encubrieron de inmediato la verdad de la resurrección. En general, la cristiandad que se conocía entonces, pasó por alto al pueblo judío, excepto para perseguirlos.

La Iglesia Católica Romana, viéndose como la nueva Israel, y por ende el nuevo «pueblo escogido», decidió deshacerse de la «competencia» que existía en potencia, prohibiendo muchas costumbres judías. Se prohibió la observancia de la Pascua. Leer el Talmud se hizo algo ilegal y se quemaron muchas obras escritas a mano de valor incalculable. Invocando las nuevas leyes del gobierno romano, la iglesia estatal hizo todo lo posible para destruir la identidad de los judíos y así alejar cada vez más al pueblo de Dios de su Mesías.

Los judíos y el segundo milenio

Todo el mundo ha oído acerca de las cruzadas.

En los siglos doce y trece se llevó a cabo un nuevo programa que comenzó bajo las órdenes del papa Urbano II. Este les prometió el perdón y la garantía de la entrada al paraíso a aquellos «cristianos» que participaran en su plan. Bajo el mismo, miles de cruzados, niños incluidos, marcharon hacia Tierra Santa para liberarla de los infieles, o sea, los musulmanes que la habitaban.

La intención de los cruzados era sacar a los mahometanos de la sagrada tierra de la patria de Jesús. En su celo religioso, reclutaron muchos que ni siquiera eran cristianos, buscadores de fortuna, gente de poca clase buscando aventuras, esclavos persiguiendo la libertad.

Imagínese un largo desfile de soldados, con rostros determinados, preparados para la «guerra santa». ¿Qué llevaban como estandarte? La cruz, símbolo de lealtad a su Señor.

Por desgracia para los judíos, los cruzados tomaron la decisión de querer defender el «cristianismo» en su propia casa. No tenían que irse hasta Israel para eliminar a los infieles. Los judíos, que era un pueblo que se oponía a lo que entendían era el «cristianismo», vivían ahí mismo entre ellos. En poco tiempo el lema «¡Mate a un judío y salve su alma!» llegó a ser el grito de guerra de los celosos cruzados.

Más tarde, cuando estos llegaron a Israel, armados de indignación debido a la incredulidad imperante, rodearon a los judíos en Jerusalén, los metieron en una sinagoga y le prendieron fuego. Entonces marcharon triunfantes alrededor de ese infierno cantando un himno de alabanza a Dios: «Cristo, te adoramos.» Dentro de la sinagoga encendida en llamas los judíos oían este estilo de adoración «cristiana» mientras perecían.

No mejoró mucho la situación la iglesia durante la Edad Media. Como les ocurriera con frecuencia a los judíos, no se les permitían ciertos privilegios; en especial poseer tierras o ejercer ciertas profesiones. Por eso, los judíos tenían profesiones poco aceptables, como recaudar impuestos. El estereotipo del judío interesado en el dinero quedó grabado en la historia.

También los acusaron de ser responsables de males que acaecieron a la gente de aquel tiempo. Los responsabilizaron de la «muerte negra» o «plaga negra» de 1348, que exterminara una gran parte de la población de Europa. Se rumoraba que los judíos habían contaminado los manantiales de aguas. También se les acusó de provocar desastres naturales como el terremoto de Lisboa. Incluso se les culpó de matar niños «cristianos» para sacarles la sangre para el *matzab*: el pan sin levadura de la Pascua. La iglesia romana culpó para siempre a los judíos por la muerte de Jesús, sentenciándolos eternamente por este acto. Hace poco se retractaron de esta acusación.

En los años 1400, la Iglesia Católica intentó lidiar con los judíos de otra forma. La población hebrea en España recibió dos opciones: convertirse al catolicismo o morir. Muchos eligieron morir en lugar de seguir a los responsables de la muerte y destrucción de tantos otros judíos.

La Inquisición española sigue siendo otra mancha negra en la historia de la iglesia y un enorme obstáculo entre el pueblo judío y la persona de Jesús. Hasta hoy, en el día santo de Yom Kippur, el Día de Expiación, los judíos recitan una oración que data de aquellos tiempos. Es un lamento llamado *Kol Nidre*, que significa «Todos los votos». Se introdujo en la liturgia de Yom Kippur por causa de la Inquisición española. *Kol Nidre* llegó a ser el clamor para anular las confesiones de la fe «cristiana» expresadas por aquellos que se adjudicaban haberse convertido al catolicismo por coacción.

Quisiera decir que en la Reforma protestante el antisemitismo desapareció, pero ese no fue el caso.

El gran reformador Martín Lutero, aunque expresara al principio gran respeto por los judíos, se volvió contra ellos en sus últimos años. Frustrado por la falta de conversiones, escribió que la raíz de la resistencia al evangelio era su propia naturaleza diabólica. Acusó a los judíos de ser asesinos que practicaban ritos y que eran incapaces de llegar a ser salvos. Insistió en la destrucción de todas las sinagogas así como todos los libros, el Talmud entre ellos. En el ocaso de su vida, dijo que como los judíos no se convertirían «no debiéramos aceptarlos más, ni estar de parte de ellos». Es cierto que más tarde se arrepintió de muchas de sus declaraciones contrarias a los judíos, pero ya pronunciadas en público se usaron una y otra vez en contra de la nación de Israel.

También la Iglesia Ortodoxa Rusa, como otros «seguidores» de Jesús, contribuyeron a la campaña opuesta al pueblo judío. Muchos murieron en las matanzas por manos de los soldados rusos llamados «cosacos» a principios del siglo pasado. ¿Por qué los mataron? Por una sola razón: porque eran judíos.

Puede que haya visto la película *El violinista en el tejado*. ¿Recuerda la violenta redada que arruinó la alegría de la fiesta de bodas? Y más tarde, las órdenes que se les dieron a los judíos de abandonar su pequeña aldea y el único estilo de vida que conocían. La destrucción y la deportación eran las políticas más comunes con los judíos en la Rusia de los zares. Muchos judíos estadounidenses hoy son hijos o nietos de aquellos que maltrataron y expulsaron de Rusia mientras la «iglesia» estaba estática, sin hacer nada. Yo soy uno de esos.

La Alemania de la Segunda Guerra Mundial era predominantemente católica y luterana. Gracias a los escritos de estos «padres de la iglesia» y líderes del «cristianismo», los nazis justificaron sus atrocidades.

Vacilo en pronunciar el nombre de Jesús en la misma oración donde esté el nombre Adolfo Hitler, quien ordenó la torturante destrucción de seis millones de judíos. Después de todo, sus enseñanzas eran diametralmente opuestas. Jesús enseñó el amor y la compasión. Hitler enseñó el odio. Pero hago mención de los dos por esta razón: el pueblo judío confunde el cristianismo con el antisemitismo del nazismo.

Le contaré una experiencia personal para ilustrar esta confusión.

En el año 1975, mi esposa y yo comenzamos un ministerio en el suburbio de Skokie en Chicago para difundir las buenas nuevas a los muchos judíos que vivían allí. Por ese mismo tiempo, un grupo neonazi de la misma zona planeó una demostración en Skokie, lugar en el que vivían muchos sobrevivientes de los campos de concentración. Quizá recuerde la película *Skokie* que se hizo para la pantalla chica, donde se ve el conflicto que causó dicha demostración. La tienda vecina a nuestra oficina era de un carnicero kosher. Mi esposa le compraba carne a menudo. Habíamos desarrollado cierta amistad pasajera. Durante este tiempo de tensión en Skokie, recuerdo que entré a su tienda y busqué una oportunidad de hablarle del Mesías. Después de un rato, cuando estábamos a solas, el carnicero me llamó a un lado. Me animé pensando que habíamos podido llegar a algo después de haberle estado testificando.

Remangándose la manga de su camisa, me enseñó un número tatuado en su brazo; se lo habían dado en un campo de concentración en Polonia durante la Segunda Guerra Mundial. Entonces me susurró con una voz llena de amargura y dolor: «¡Por eso es que no puedo creer en tu Jesús!» Ciegamente confundió el nazismo con el cristianismo.

Era aparente que teníamos que hacer algo por nuestra gente al aproximarse la fecha del desfile nazi. Teníamos que demostrarles que el verdadero cristianismo y el antisemitismo nazi son creencias opuestas.

Reuní a mis asociados, algunos voluntarios y unos amigos cristianos, y les pedí que se unieran a una demostración frente a la sede nazi, en la zona sur de Chicago. Nuestro propósito era declarar abiertamente al pueblo judío que los verdaderos cristianos aborrecen el nazismo. Después de mucho orar, nos propusimos trazar un plan para la demostración. Aunque soy uno de los que no les gusta este tipo confrontación que requiere riesgos, nos sentimos obligados a hacer este tipo de declaración.

Hicimos pancartas a todo color con lemas que rezaban «El nazismo es anticristiano», «Jesús no fue nazi» y «Jesús es el Mesías». Alertamos a los medios (para destacar la declaración) y al departamento de policía (para que nos protegieran), y nos dirigimos hacia la sede nazi donde demostramos de una manera ordenada y legal frente a sus oficinas.

Avisar a la policía fue algo muy sensato. Justo en medio de nuestra demostración, los nazis abrieron de pronto las puertas de sus garajes y se pararon muy cerca de nosotros en una manera desafiante, blandiendo sus grandes armas sobre sus pechos. Podía sentir cómo palpitaba mi corazón, el sudor empezaba a correr. Sin embargo, nos mantuvimos orando y firmes en nuestra posición.

Las cámaras de televisión llegaron para reportar el hecho, pero la policía nos sacó de inmediato para protegernos. En efecto, dos o tres de mis allegados y yo nos llevaron a uno de esos furgones de la policía para disminuir la tensión. Irónicamente, la otra persona que nos acompañó en el furgón era Frank Collin, líder del grupo nazi.

Nuestro objetivo se cumplió. Nuestra declaración fue hecha. Esa misma noche, los medios reportaron la demostración; artículos publicados contaban nuestra historia. Después de eso, muchos judíos que vivían en Skokie pasaron por nuestra oficina para darnos las gracias por demostrarnos públicamente en contra de los nazis. Aun el carnicero kosher parecía ser más amigable.

A los que estamos en el ministerio judío se nos ha catalogado de tener motivos peores que los de Hitler. Nos han dicho: «Los nazis destruyeron los cuerpos judíos, pero *ustedes* destruyen las almas.» Los padres judíos ven como una tragedia que sus hijos acepten a Jesús. Los cónyuges también pasan por un tiempo de duelo por el ser querido que profesa creer en el Mesías.

Naturalmente, ser mal entendidos nos duele. Pero no podemos negar el mesianismo de Jesús aunque duela. Sabíamos que no podíamos borrar el dolor de aquellos que pasaron por los campos de concentración. Sin embargo, los ojos de muchos vieron en Skokie que los verdaderos creyentes se opusieron al nazismo. Testimonios como esos duran por mucho tiempo para superar dos mil años de malas relaciones judeocristianas.

Hay miles de testimonios de verdaderos creyentes que estuvieron de parte de los judíos en la Alemania nazi, que arriesgaron y en ocasiones perdieron sus vidas para protegerlos y esconderlos. *El Refugio Secreto,* de la autora Corrie ten Boom, es un relato maravilloso de cómo se siente un verdadero cristiano en relación al pueblo judío. Vale la pena leerlo y regalarlo a su vecino judío.

Quizá se pregunte en primer lugar, ¿por qué hay tanta confusión en cuanto a este asunto? ¿Por qué tiene el pueblo judío que relacionar al cristianismo con el nazismo?

Para empezar, Adolfo Hitler nació en el seno de una familia católica. Puesto que el pueblo judío *nace* judío, suponen automáticamente que Hitler *nació* cristiano.

Aun más, muchos en el partido nazi asisten a la iglesia fielmente. Observando a los nazis los fines de semana y viendo lo que hacían durante los otros días, muchos judíos se plantearon una pregunta lógica: «Si su iglesia predica el amor, ¿cómo esta gente que va a ella puede predicar el odio?» Llegaron a la errónea conclusión de que el antisemitismo era en cierta manera parte de las enseñanzas cristianas. A veces, desafortunadamente, fue cierto.

Se sabe que las iglesias hoy no enseñan que se debe perseguir a los judíos, pero me he sentado en cultos de algunas congregaciones numerosas y he oído comentarios y opiniones que revelan sentimientos latentes de antisemitismo. Cierta vez escuché a un predicador vociferar: «¡Esos que se creen muy santurrones, fariseos hipócritas!» No quiso mencionar que el comportamiento impío del que hablaba fue quizá la excepción, no la regla. Se le olvidó mencionar esos fariseos que llegaron a ser seguidores de Jesús: Pablo, Nicodemo, José de Arimatea y miles más.

Si va a ser certero al testificar, debe conocer lo que su vecino judío entiende por perceptible e imperceptible. Con todo lo amable que sea, así como lo sincero, decente y buen vecino que haya sido, debe entender que siempre estarán presente en la memoria de su prójimo estas inolvidables atrocidades. Aunque no porte la espada como los cruzados ni dé el ultimátum del inquisidor, aunque no vomite el libelo antijudío de un nazi, aun así se le identificará como uno de «ellos»: uno que no es judío. Un antisemita en potencia.

A menudo los judíos clasifican el mundo de dos maneras: «nosotros» y «ellos». Los hebreos saben que dado el tipo de presión suficiente y la cantidad justa de propaganda, cualquiera es capaz de perseguir al judío como chivo expiatorio. Los que sufrieron el holocausto les advierten: «¡Recuerden que *puede* ocurrir de nuevo!»

Una palabra de aliento para usted: Sepa que puede sobreponerse a la historia «eclesiástica» asumiendo una sincera, receptiva y agradable amistad con su vecino judío. Pero en primer lugar, como gentil, debe saber cómo lo ven.

En el siguiente capítulo aprenderá a tener más credibilidad con sus vecinos judíos para así poder testificarles de una manera más eficiente. Puede llegar a ser más un «nosotros» y menos uno de «ellos».

— **4** —

CÓMO TENER
UN TESTIMONIO DIGNO DE CREERSE

— o —

Lo bueno de conocer la cultura hebrea

R ecuerdo un antiguo programa televisivo en el que el animador, después de formularle una pregunta a la entrevistada, le insistía: «Hechos, señora, solo hechos.»

A todos nos gustaría creer que nuestras decisiones se basan únicamente en hechos. Pero eso no es cierto. Si así fuera, los vendedores de automóviles no harían tanta propaganda para incrementar sus ventas, y mucho menos utilizarían mujeres superatractivas u hombres muy bien parecidos para lograr tal fin. Los políticos no invertirían millones de dólares en tanta publicidad para mejorar su imagen, ni los predicadores se ocuparían de la manera en que dicen las cosas; solo enseñarían la Palabra de Dios.

La persuasión raramente es consecuencia de los hechos. Más bien lo que capta nuestra atención es la apariencia del vendedor, el carisma de un candidato o la presentación de un predicador. A veces los hechos son secundarios.

Esta habilidad para influir en otros se llama «credibilidad». Podemos escuchar dos oradores diciendo exactamente lo mismo, pero uno de los dos nos impactará más que el otro. Si las Escrituras son las mismas, la diferencia en el impacto puede atribuirse a la credibilidad que puede conferírsele al orador. Alguien a quien percibimos más fidedigno, más sincero, más confiable. En otras palabras, más persuasivo.

La credibilidad es algunas veces vista como un don de Dios. Usted nació con o sin ella. Los especialistas en ciencias sociales que estudian ese atributo esbozan diferentes conclusiones. Afirman que puede adquirirse. Una persona reconocida como poseedora de una gran credibilidad estimulará más actitudes de cambio y persuasión en un oyente que el que no la tiene. ¡Todos sabemos que eso es cierto!

¿Por qué algunos maestros obtienen mejores resultados con sus estudiantes que otros? ¿Qué hace que algunos jefes tengan más éxito al motivar a sus empleados que los demás? ¿Por qué algunos pastores logran un impacto considerable en sus congregaciones y otros no? Si el contenido del mensaje es básicamente el mismo: aprender, trabajar o crecer, ¿a qué podemos atribuir la diferencia en el impacto? La diferencia es la credibilidad.

La gente ha ponderado esto durante siglos. La credibilidad fue tema de discusión en tiempos tan remotos como los de Platón y Aristóteles. En años más recientes, los especialistas en comunicación han profundizado en el estudio de la credibilidad llegando a conclusiones muy valiosas.

En el ocaso de la década del sesenta y al principio de la del setenta, enseñé un curso de comunicación en Howard University, Washington, D.C. Uno de los temas más importantes en mi clase acerca de la persuasión era la credibilidad. Aun entonces, cuando la investigación sobre ella se hallaba en sus albores, ya se habían publicado docenas de libros y centenares de artículos respecto al asunto.

Mencionaré unas cuantas de las conclusiones acordadas en la investigación de la credibilidad a fin de prepararle para que sea un comunicador más persuasivo al testificar del evangelio a los judíos.

Los investigadores en ciencias sociales y los expertos en comunicación afirman que la credibilidad se basa inicialmente en tres rasgos de la personalidad: integridad, destreza e identificación. Cada una de estas fueron reconocidas y medidas. Aquellos que poseen un alto grado de cada una de estas cualidades fueron mucho más eficientes y persuasivos que otros. Examinemos ahora cada una de esas características.

Integridad

Integridad es el rasgo que estimula a que una persona se sienta segura con otra. Y se relaciona con lo humano, lo afectuoso y la franqueza. Una persona íntegra «no tiene dos caras».

Dan Rigney es precisamente esa clase de persona. La primera vez que me encontré con él fue en una celebración especial hebreo-cristiana del Rosh Hashaná. Este es el nuevo año judío, el primero de los días santos. En ese tiempo, Dan era misionero de la junta estadounidense de misiones a los judíos, institución conocida actualmente como Ministerio del Pueblo Escogido. Yo era creyente, pero sentía curiosidad por lo que sería una reunión de ese tipo. En ese entonces estaba comprometido con una mujer «cristiana» y pensé que esta peculiar reunión sería beneficiosa para nosotros. Después de todo, yo era hebreo (aunque los judíos no se autodenominan así), y ella era «cristiana» (aunque pienso que todavía no había «nacido de nuevo»).

Allí estaba Dan, luciendo un bonita y larga barba de rabino y vistiendo los clásicos atavíos rabínicos, su mitra y una kipá blanca. Este atuendo se usa para que la congregación recuerde las vestiduras sacerdotales utilizadas en la antigua Israel. Pero algo que nunca había visto se destacaba bajo su vestimenta de rabino, ¡unas botas vaqueras!

Durante el servicio escuché muchas oraciones hebreas tradicionales y también el testimonio de muchos judíos. No me tomó mucho tiempo percatarme de que este no era simplemente un servicio hebreo en el que aceptaban a los cristianos, ni una congregación compuesta por matrimonios interconfesionales (una presunción muy original), sino una reunión en la que tanto judíos como gentiles creían en Jesús como el Mesías y Salvador.

Después del servicio, me dirigí hacia donde estaba Dan, y en tono acusatorio le dije: «¡Tú no eres judío! Solo pretendes serlo.» Las botas vaqueras, además de la pobreza de su pronunciación hebrea, eran evidencias contundentes.

Sin embargo, su cálida sonrisa y la sinceridad de sus palabras me desarmaron. «Tienes razón, no soy judío, pero amo al pueblo judío por causa de Jesús. Soy un gentil injertado.»

Abandoné mi actitud beligerante. La sinceridad de Dan era auténtica y palpable. Enseguida, descubrí en él seguridad, integridad y credibilidad. Me propuse saber más y empecé a asistir semanalmente a los estudios bíblicos que impartía. Fue allí donde, con el tiempo, conocí al Mesías.

La integridad no es algo que se pregona. Es al caminar a la luz del Mesías y al ser semejantes a él cuando crecemos y llegamos a ser plenamente íntegros. El crecimiento y la madurez producen como fruto natural la credibilidad. El fruto del Espíritu: amor, alegría, paz, paciencia, amabilidad, bondad, fidelidad, humildad y dominio propio (Gálatas 5:22-23), contribuyen a que seamos personas íntegras, más confiables y persuasivas.

(Una llamada de atención: Algunas personas caen en la trampa y compran la mentira de que nadie puede participar en el servicio al

Señor mientras no alcancen la perfección. Dicen: «Soy demasiado pecador como para que alguien me escuche.» Esta declaración está muy lejos de ser cierta. Pablo luchaba contra la carne constantemente, pero eso nunca le impidió que siguiera predicando. No existe ningún pastor, predicador, misionero ni profesor de Biblia que sea perfecto. Todos han permitido que la verdad del Señor los capacite para llevar a cabo el llamado que Dios les ha hecho. No permita que su imperfección se convierta en una excusa para no difundir las buenas nuevas.)

Usted tiene el llamado de llevar las buenas nuevas al pueblo de Dios, los judíos. Todos debiéramos ser íntegros, pero Dios usa al imperfecto y falible pecador cada día. Lo importante que debemos recordar es que tenemos que ser sinceros en nuestro testimonio.

La vida en esta tierra tiene su cuota de problemas y dolor. Actuar como si nada ocurriera es un error, es sencillamente negar la realidad. Proceder de esa manera sería una falsedad e iría en detrimento del propio testimonio. El Señor bendice a su pueblo con una enorme variedad de experiencias para su crecimiento, incluidas las dolorosas.

Negar lo que es obvio es engañar a los que estamos tratando de testificar. Con frecuencia ellos están más al tanto de nuestros problemas de lo que nos gustaría reconocer. Creo que es una buena práctica comentar con sus amigos judíos acerca de los problemas que usted enfrenta. Ellos pueden estar en la mejor disposición de ayudarle. Esto, sin duda, le hará más confiable, puesto que sus amigos judíos merecen conocerle como persona.

En un seminario acerca de cómo hablar del Mesías con los judíos que dirigí, una de las participantes atravesaba por una experiencia terrible en su vida. Divorcio, muerte, depresión. Cuando llegamos al punto de la integridad y la credibilidad, dijo que no se sentía apta para hablar acerca del Mesías. Decidió esperar hasta que todo estuviera bien en su vida. Yo, en cambio, sentí que ese era el momento apropiado para que lo hiciera.

Su amiga judía podría identificarse con su sufrimiento y ofrecerle ayuda. El hecho de reconocer el problema la haría más humana y podría haberle demostrado que ser un creyente no significa estar exento de dificultades.

También podría haber tenido la oportunidad de testificar como Job, el hombre que en medio de un severo y angustioso sufrimiento afirmó su fe en Dios y en el Mesías diciendo: «Yo sé que mi redentor vive, y que al final triunfará sobre la muerte» (Job 19:25). Sus amigos judíos debieron sentirse impresionados con su confianza en Dios.

La integridad es un factor determinante en la credibilidad, y esta es un elemento importante para una buena comunicación y persuasión. Dios está moldeando a su pueblo de acuerdo al carácter de su Salvador para que su testimonio sea más persuasivo y tenga más credibilidad.

Destreza

Esta es la esfera en que la mayoría de los creyentes bien intencionados desfallecen. He escuchado cosas como estas: «¿Cómo puedo hablarle de la Biblia a la gente del pueblo al que le dieron primero este libro?» O: «Me encantaría testificarle a mi vecino judío, pero es demasiado inteligente para mí.»

Es cierto que el pueblo judío fue el escogido para ser el primero en recibir la Palabra de Dios. También es verdad que los judíos tienen en alta estima la buena educación. Pero es sorprendente que los de hoy son casi analfabetos en lo que se refiere a la Biblia, aunque no precisamente en lo relacionado con el Nuevo Testamento. Muchos judíos, una vasta mayoría, jamás leyeron el *Antiguo* Testamento.

Aun los que asisten a la sinagoga con regularidad leen solo ciertas partes de la Escritura, como por ejemplo, las lecturas que se hacen en el sabat. Algunas veces es de la Torá, que comprende desde Génesis hasta Deuteronomio, y otras de los profetas o de los Escritos. Un judío que hace su lectura personal de la Biblia en la sinagoga cada sábado no logrará leer el Antiguo Testamento en el transcurso de un año.

Sin embargo, lo más insólito aun, es que muchos de los escritos proféticos son completamente ignorados en la sinagoga, sobre todo aquellas porciones conocidas como profecías mesiánicas (que se discutirán en el capítulo 6). El creyente promedio que asiste a la iglesia y participa en la Escuela Dominical es más versado en las Escrituras hebreas que su amigo judío. Usted, relativamente hablando, *es* el experto.

Si en alguna oportunidad se enfrenta a una pregunta que no sabe cómo responder, sea sincero. Prefiero que un médico me diga que necesita estudiar mis síntomas o confirmarlos con un colega, a que haga un diagnóstico incorrecto. No tenga temor de reconocer: «No lo sé, pero permítame investigar y después le responderé.»

Las palabras del apóstol Pedro son una adecuada conclusión al asunto de la destreza. Amonesta a los creyentes a estar «siempre preparados para responder a todo el que les pida razón de la esperanza que hay en ustedes» (1 Pedro 3:15). Esta es la manera en que el apóstol nos insta a aumentar nuestra destreza, con integridad, de modo que nos convirtamos en testigos más confiables. Debemos ser testigos ante *todos*, incluido nuestro vecino judío.

Identificación

Fue muy significativo que Dan Rigney se tomara el cuidado de identificarse con los míos, vistiendo un atuendo de rabino y hablando hebreo. Aunque al principio no dejó de sorprenderme, y quizá hasta me resultó ofensivo, su esfuerzo despertó mi curiosidad. Cuando percibí su amor genuino por los judíos, me alegró que hubiera escogido esa manera de identificarse. Deseaba, tanto como le fuera posible, ser «uno de nosotros».

Del mismo modo, conocer a cristianos que se interesan por la cultura, el sentido del humor o la literatura judía, siempre me acerca mucho a ellos. La identificación es un ingrediente clave para la credibilidad.

Pablo, el apóstol de los gentiles, dijo: «Entre los judíos me volví judío, a fin de ganarlos» (1 Corintios 9:20). Pablo era judío, por supuesto, pero enfatizó este factor para identificarse con su pueblo. Estuvo dispuesto a someterse a las tradiciones de su pueblo. Además, tuvo la determinación de hacer el voto nazareo (Hechos 18:18), algo que solamente haría un judío religioso. Fue seguidor de la Torá. Resumió su vida religiosa cuando le dijo al rey Agripa: «Ellos me conocen desde hace mucho tiempo y pueden atestiguar, si quieren, que viví como fariseo, de acuerdo con la secta más estricta de nuestra religión» (Hechos 26:5). No lo hizo como parte de un drama, sino porque era un fariseo genuino. Sin embargo, hay un mensaje en todo esto. Si quiere ganar a su vecino judío para el Mesías, esto le ayudará a entender su punto de vista (a ser más como él): apreciar las cosas que él estima como algo especial, que son significativas y aun sacras. La vida de

Pablo es una demostración de eso.

Identificarse con alguien incrementa la credibilidad y la persuasión. Nos atrae el candidato político que habla por nosotros y que parece entender nuestras necesidades. Nos relacionamos con el vendedor que se esfuerza por entender lo que queremos y aun nos interesamos por el anuncio de la televisión que presenta a personas cuyo estilo de vida es un reflejo del nuestro.

Testificar a los judíos es, por supuesto, más fácil para el gentil que se identifica con ellos. En la sección III discutiré algunas de las características de los hebreos, generalidades, claro. Pero ahora, le diré que si desea ser más digno de crédito al testificar, conviértase en «nosotros».

Aprenda las cosas que más les interesan a los judíos. Suscríbase al *Jerusalem Post* o a alguna publicación judía local. Participe en las actividades o celebraciones patrocinadas por la comunidad judía de su país. Si le es posible, haga un viaje a Israel (nosotros organizamos excursiones con regularidad). En pocas palabras, aprenda acerca del pueblo judío.

Experimente y disfrute la riqueza cultural del pueblo escogido por Dios. Comprender el buen humor judío es una manera divertida para empezar. Libros como *Los juegos de Yidish* y *Un tesoro del humor judío* son amenos y le ayudarán a tener una noción del humor hebreo. Quizá aprenda algunas bromas nuevas. Claro, algunos programas y películas televisivos le permitirán disfrutar ese humor.

La música judía puede resultarle divertida, reverente y conmovedora. Sin duda habrá escuchado alguna huella de ella en las melodías de Barry Manilow, Paul Simon, Marvin Hamlisch, Kenny G. y otros. Pero hay mucho más. Usted puede disfrutar asistiendo a un concierto de música judía con su vecino hebreo.

La literatura es sobre todo importante para el pueblo escogido por Dios. Los libros escritos por Chaim Potok (por ejemplo, *The Chosen* [El escogido] y *My Name is Asher Lev* [Mi nombre es Asher Lev]), presentan un enfoque agudo de la comunidad ortodoxa hebrea de Nueva York, la que impactó a los judíos de todas partes. Otros escritores como Isaac Bashevis Singer y Sholom Aleichem le enseñarán acerca de los antecedentes y las tradiciones hebreas. Herman Wouk es otro autor importante.

La gastronomía es también parte relevante de la vida judía. Sin duda ya ha comido las roscas judías (bagels). Como mencioné en el prefacio de la segunda edición, desde que escribí este libro, las roscas perdieron su estricta identidad judía. Ahora uno puede comprarlas en el supermercado, en algunos restaurantes de servicio rápido y casi en cualquier lugar. Están en todas partes.

En los sesentas, las roscas se veían como una comida exclusivamente «hebrea». Como las considero un producto indispensable en mi dieta, siempre llevaba conmigo una docena cuando volvía a la universidad, después de estar una semana en el hogar durante los días festivos. En la Universidad de Ohio en Athens, no se sabía nada de estas «extrañas roscas». No pasó mucho tiempo para que me pusieran el apodo de «Bagel», pero al poco tiempo también mis amigos de la universidad aprendieron a amarlas.

Uno de mis íntimos compañeros iba conmigo a casa en las vacaciones. Para honrar al huésped, mi madre servía «lox» para el desayuno acompañado con roscas. Lox, o salmón ahumado, es un poco parecido al *sushi*, el exquisito pescado japonés crudo. Algunos, como mi amigo del medio oeste, no podían degustarlo.

Si quiere identificarse con los judíos, pruebe un lox, pero que sea precisamente el día de pago. Una dieta constante de esto puede abrirle un hueco en su bolsillo. Es carísimo y, por lo tanto, no se puede comer siempre. Sin embargo, como las roscas, irrumpió en la gastronomía de mucha partes; el lox está también disponible en lugares que no son necesariamente judíos. Mi familia los compra en uno de los supermercados más populares de la comunidad. Son menos caros que antes.

Comer lox le ayudará a identificarse, y le permitirá saborear algo realmente apetitoso. Pero no olvide poner un *schmear* de queso crema en la rosca antes de agregarle el lox.

Los misioneros que incursionan en culturas extranjeras al fin entendieron el valor de la identificación. El método misionero tradicional consistía en tratar de conseguir que aquellos a los que se quería alcanzar se convirtieran en imitadores de los misioneros. Era una meta, por ejemplo, persuadir a los nativos de la tribu a que adoptaran la costumbre occidental de usar corbata. Por lo tanto, no fue el evangelio lo que los misioneros llevaron, sino la cultura occidental.

En años recientes, no obstante, los misioneros son más sensibles a la cultura de quienes desean alcanzar. Al aprender el idioma y las costumbres nativas, impulsan el desarrollo de las iglesias indígenas. A esta práctica a veces se le llama comunicación transcultural. Los misionólogos se refieren a esto como contextualización, es decir, adaptar el evangelio al contexto del pueblo en el que están trabajando. La identificación ayuda a la persuasión.

Integridad, destreza e identificación son los tres bloques del cimiento sobre el cual se edifica la credibilidad. Y recuerde, el incremento de esta por lo general conduce a una comunicación y una persuasión más eficaces. Su misión, la cual debe aceptar, es crecer en estas tres esferas para su enriquecimiento personal, así como por el bien de su testimonio. Recuerde, la suya no es una misión imposible.

En esta sección, aprendió algunas de las razones para llevar el evangelio a los judíos y recibió un desafío para cumplir la «gran comisión de los gentiles»: ¡Incítelos al celo! Ya sabe acerca del antecedente del síndrome de «nosotros/ellos» y las tragedias de la historia judía «cristiana», aspectos que afectan la manera en que se percibe a los creyentes cuando testifican. Y aprendió cómo ser más digno de crédito al testificar.

En la próxima sección, el «evangelio judío», veremos las maneras entendibles y aceptables de presentar al Mesías entre los judíos. Es crítico no solo comprender quién es usted y cómo lo perciben, sino también aprender a comunicarse a la manera judía. Esto es lo que veremos a continuación.

SECCIÓN II

Su mensaje: El evangelio judío

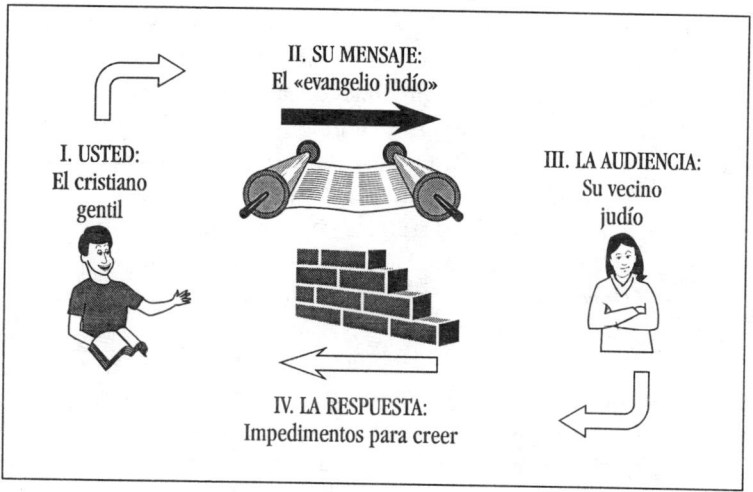

Volvamos a nuestro testimonio modelo. Al aumentar el entendimiento del papel que desempeña en la evangelización a los judíos, extraído de la sección I, podemos ahora enfocar nuestra discusión en el mensaje llamado «evangelio judío».

Puede que piense: «Creí que había un solo evangelio. ¿Qué es esto de un evangelio judío?» ¡Buena pregunta!

Hay un solo evangelio, así como «un solo cuerpo y un solo Espíritu ... un solo Señor, una sola fe, un solo bautismo, un solo Dios y Padre de todos» (Efesios 4:4-6). Pero en este mismo pasaje, Pablo explica que hay una variedad de dones para la ministración del evangelio: apóstoles, profetas, evangelistas, pastores y maestros (Efesios 4:11). Asimismo, hay una multitud de variantes para comunicar el mensaje del Mesías.

Esto se demuestra ampliamente en el fecundo trabajo que llevan a cabo algunos de los ministerios de alcance estudiantil. Por ejemplo, InterVarsity, Cruzada Estudiantil y Profesional para Cristo, Navegantes y otros, son organizaciones que tienen un método muy peculiar en su trabajo con los estudiantes universitarios. Ministran un evangelio singular para «estudiantes universitarios». Algunas veces, plantan iglesias cerca de las universidades para ministrar específicamente a las necesidades de los estudiantes. Vi este ministerio en acción cuando di una conferencia en una iglesia establecida en un lugar cercano a una reconocida universidad al sur de California.

Mientras la mayoría de los pastores tienden a vestir conservadoramente: traje oscuro, corbata, zapatos de piel, los de esta iglesia usan camisas y zapatos deportivos y pantalones de mezclilla. La música en esta iglesia universitaria la acompañan con guitarras y otros instrumentos modernos, un estilo muy diferente al de nuestras congregaciones donde los himnos tradicionales los acompañan con piano u órgano.

Y muy diferente a muchos templos, arquitectónicamente diseñados para inspirar la devoción e inducir a la reverencia, esta congregación se reunía en un acogedor salón alfombrado; algunos sentados en sillas desplegables y otros en el piso.

Aprendí, de los logros de esta innovadora iglesia universitaria, que los estudiantes pueden alcanzarse mucho mejor dentro de su propio medio cultural. Cómodamente sentados sobre la alfombra, aquellos jóvenes estaban en mejores condiciones para escuchar el evangelio que si estuvieran rígidos en una banca de madera.

El mismo principio se ajusta al testificar a los judíos. Supongo que si aquellos pastores tuvieran que escribir un libro para ayudar a que otros alcancen a los estudiantes en la universidad de su comunidad, le pondrían a esta sección el título: «Evangelio universitario», con la esperanza de alertar al lector a acercarse a sus colegas estudiantes mediante una táctica singular, eficaz y apropiada.

Por eso es que llamo a esta sección el «evangelio judío». No porque los judíos sean salvos de una manera diferente a los gentiles, sino que las buenas nuevas deben presentarse de tal forma que a ellos les sea más sencillo comprenderlas. Recuerde, el trato de la iglesia hacia los judíos no siempre fue amoroso. Es el momento de intentar algo distinto, algo que sea realmente efectivo: El «evangelio judío.»

LAS BUENAS NUEVAS
EN EL ANTIGUO TESTAMENTO

— o —

El «evangelio judío» en la «Biblia judía»

D ebido a que me estaba preparando para ser maestro de Meditación Trascendental, me propuse devorar todo lo que estuviera a mi alcance en cuanto a las enseñanzas de Maharishi y me inscribí en uno de los cursos mensuales de capacitación intensiva para «maestros», al norte de California, que se ajustaba perfectamente a mis planes y a los de otros mil cuatrocientos «buscadores de la verdad». Después de este primer mes, hice planes para viajar a Mallorca, España, para el segundo y tercer mes requeridos para completar el curso. Dios, sin embargo, tenía otros planes para mí.

Al salir de California y volver a mi hogar en Washington, D.C., me enrolé en un retiro de fin de semana de Meditación Trascendental en las bellas montañas de Virginia. La actividad incluía ocho, nueve y diez sesiones de meditación diarias, en vez de dos, como solía ser. Tenía la esperanza de penetrar a la «conciencia de la divinidad», pero en lugar de eso ocurrió algo muy diferente.

Sumido en lo profundo de una de mis meditaciones, experimenté una «proyección astral», también llamada «viaje del alma». Sentí que esta se desprendía del cuerpo, y que flotaba llegando casi al cielo raso, y podía ver mi cuerpo que permanecía en la cama. Era una sensación muy extraña. ¡Estaba aterrorizado! Nunca antes había tenido una experiencia sobrenatural.

Esto estaba fuera del libreto, así que miré alrededor buscando algo que leer, que me trajera de vuelta a la tierra y que me indicara lo que ocurrió. No había nada más que algunos panfletos de M.T., otros materiales... Y una Biblia de los gedeones.

«Este será un buen cambio para relajarme», pensé, mientras abría el libro. La Biblia judía y los libros de oraciones se abren del final del libro hacia el principio. El hebreo se lee de derecha a izquierda. Así que fui al final del libro, con la esperanza de abrirlo en Génesis y leer acerca del origen del mundo. Para mi sorpresa, no obstante, en vez de eso me encontré en medio de algo misterioso llamado el *Apocalipsis de Juan*, ¡un lugar inusual para empezar a leer la Biblia!

Cuando me percaté de que estaba en el Nuevo Testamento, cierta intranquilidad cayó sobre mí. Este era el libro, o por lo menos así me lo enseñaron, que habla de Jesús, el Dios de los gentiles. Esto no tenía nada que ver con los judíos. Se nos enseñó a alejarnos de este «peligroso» documento. Es más, una tradición judía sostiene que se le pudrirán las manos al judío que tenga entre ellas un Nuevo Testamento.

Los rabinos advertían esto a sus seguidores para mantenerlos lejos de la posibilidad de que los sedujeran y siguieran a Jesús, al que responsabilizan de ser causante de los actos antisemitas a través de la historia. Este temor era tan profundo que no me permitían pronunciar el nombre de Jesús en mi hogar.

Y quería evadirlo a toda costa. Era la Biblia de los gentiles y no deseaba violar ninguna ley antigua de la que no tuviera conocimiento. (Por eso suelo promover el *Nuevo Testamento Judío*, una versión que restaura el judaísmo original al Nuevo Testamento. Debido a siglos de latente, y a veces manifiesto, antisemitismo entre los traductores, la mayor parte del Nuevo Testamento parece ser un libro escrito por gentiles. El *Nuevo Testamento Judío* es eso, judío, y lo disfrutan los creyentes que desean revivir las raíces hebreas de su fe.)

De repente, al abrir ingenuamente el libro de Apocalipsis, un versículo captó toda mi atención: ciento cuarenta y cuatro mil judíos exclamando «¡La salvación viene de nuestro Dios, que está sentado en el trono, y del Cordero!» (7:10).

Después de superar el impacto de encontrarme en el Nuevo Testamento, y darme cuenta de que nada malo me ocurrió, sonreí: «Ah, judíos que siguen a Jesús. ¡Lo creeré cuando lo vea! Los judíos no creen en Jesús. Para hacer aun más enérgica mi declaración, arrojé la Biblia al otro lado de la habitación y di por concluido el asunto. (No se preocupe, he tenido muchas oportunidades de pedir disculpas y agradecer a los gedeones por su ministerio desde que me convertí en creyente.)

En el mejor de los casos, la mayoría de los judíos consideran el Nuevo Testamento como algo irrelevante, y en el peor de los casos como blasfemo.

Aunque es posible llevar a un judío al Mesías refiriéndose al Nuevo

Testamento, es más prudente comenzar con algo que le sea familiar o al menos aceptable para un hebreo, por ejemplo, con el Antiguo Testamento o el Tanáj.

En este capítulo, por tanto, señalaré algunas premisas del Tanáj, del que puede hablar con su vecino judío una vez lo tenga como un amigo confiable.

Premisa #1: Dios ama al pueblo judío

La mayoría conocemos la anécdota de la «zanahoria y la vara» cuando se habla de la motivación, esto es, recompensa o castigo. Algunas veces ambas son necesarias para lograr que la mula se mueva, pero siempre es más humano tratar con la zanahoria antes que dar con la vara. Esta analogía se cumple también cuando tratamos con personas.

Un jefe puede motivar a sus empleados para que produzcan un trabajo de mejor calidad mediante amenazas y castigos, pero el incentivo de una recompensa es mucho más inspirador. Un profesor puede presionar a sus alumnos para que aprendan, pero a la postre el estímulo positivo tiene más éxito. Un padre puede obligar a sus hijos a que le obedezcan y se sometan, pero amarlos en el marco de una relación saludable promueve una conducta mejor.

Al testificar acerca de la verdad del Mesías Yeshúa, el amor llega mucho más lejos que el temor. Es cierto que este último puede motivar, pero también promueve una relación enfermiza carente de confianza y llena de ansiedad. Por si eso fuera poco, los judíos aún luchan con un sentimiento de culpa muy generalizado.

Nadie sabe exactamente de qué procede esa culpa. Quizá de una profunda convicción de fracaso en mantener la Ley de Dios. Quizá de milenios de rechazo por el resto del mundo. Cualquiera que sea el origen, esta culpa es un componente real de la siquis de los judíos en el presente.

El primer paso, por lo tanto, al presentar el evangelio desde la perspectiva del Antiguo Testamento es dejar que los judíos sepan que Dios los ama. Mi versículo favorito para comunicar esa verdad es:

El Señor se encariñó contigo y te eligió, aunque no eras el pueblo más numeroso sino el más insignificante de todos. Lo hizo porque te ama y quería cumplir su juramento a tus antepasados.

Deuteronomio 7:7-8

Hay un precio que pagar por ser escogido. A veces es muy alto. Pero los judíos han aprendido, al menos, a tener un buen sentido del humor respecto a eso.

En *El violinista en el tejado*, la inolvidable comedia musical que da un reflejo de la vida en la tierra natal, Tevye —el papá—, hace un recuento de su vida. Tiene cinco hijas solteras, una vaca flaca, un caballo cojo, pobreza extrema y, para colmo de males, uno que otro ataque de sus vecinos... los cosacos.

Considerando esta situación, Tevye alza su mirada al cielo y dice: «Sé que somos el pueblo escogido, pero al menos una vez, ¿podrías escoger a alguien más para ver un cambio?»

Todos los judíos se han sentido así en alguna ocasión. Es difícil reconciliar la realidad del holocausto con un Dios amoroso que nos escogió. Trataremos este asunto más adelante, pero a pesar de todo ese dolor, es necesario que su vecino judío sepa que Dios escogió y ama en especial a los judíos.

Premisa #2: El pecado rompe la relación amorosa entre Dios e Israel

«Está bien, está bien», dice su vecino judío aplacándose, «Dios me escogió y me ama.» Así que con amabilidad le explica el sufrimiento que el pueblo judío ha tenido que resistir. «¿Y qué puedo hacer con mi problema, mientras usted está en esto?»

Actualmente, la mayoría de los judíos hacen lo mejor de su parte pasando por alto la cuestión del pecado. Los sicólogos usan términos como *conducta aberrante o socialmente inaceptable*. Algunos grupos como los de M.T. condenan la fatiga y el esfuerzo. Otros evitan el tema del pecado promoviendo el relativismo de la moralidad (ética situacional). Muchos abandonan los valores familiares tradicionales y los reemplazan con nuevas ideas.

El creyente de la Biblia sabe que el *pecado* es la fuente de los problemas humanos y que es necesario volver a la explicación bíblica de la mala conducta del hombre. El profeta Isaías reconoció que el pecado era el problema que afectaba la relación entre Israel y Dios:

> Son las iniquidades de ustedes las que los separan de su Dios. Son estos pecados los que lo llevan a ocultar su rostro para no escuchar.
>
> Isaías 59:2

Sin una buena relación con Dios, uno no puede experimentar paz y plenitud. Como consecuencia del pecado, el pueblo de Israel en general y su vecino judío en particular, experimentan una relación rota con un Dios de amor. Pero en su misericordia, él hizo provisión.

Premisa #3: La solución de Dios para el problema del pecado es el sacrificio del Mesías

En el jardín del Edén, o como dicen los judíos, *Gan Eden*, Adán y Eva pecaron. Antes de eso, Dios les dijo:

> Y le dio este mandato: «Puedes comer de todos los árboles del jardín, pero del árbol del conocimiento del bien y del mal no deberás comer. El día que de él comas, ciertamente morirás.»
>
> Génesis 2:16-17

Aquí, en el principio de la historia humana, Dios estableció que era vital que su pueblo escuchara su Palabra. El ser humano, sin embargo, falló al no oír. El pecado exigía un precio; este tenía que pagarse. Sin embargo, Dios esperaba que esa falla ocurriría y ofreció un sistema de expiación vicaria para cubrir la pena por el pecado humano.

En el jardín del Edén, un animal brindó la «ropa de pieles para el hombre y su mujer» después que pecaron (Génesis 3:21). La piel del animal cubrió la vergüenza de ellos. Se requirió una muerte sustituta.

Más tarde, en la Torá, Dios brindó un elaborado sistema de sacrificios para su pueblo, previendo los fallos de Israel para obedecer la ley de Moisés. Una vez más se derramó sangre por los pecados de su pueblo.

> Porque la vida de toda criatura está en la sangre. Yo mismo se la he dado a ustedes sobre el altar.
>
> Levítico 17:11

En su infinita sabiduría, Dios sabía que su pueblo jamás viviría de acuerdo a sus normas. Sin embargo, en su inmensa misericordia hizo la provisión por los pecados de ellos mediante una expiación vicaria o sustituta. El principio de «una vida por una vida» estaba vigente. Por causa del pecado, alguien tenía que morir.

Dios, ofreció el recurso para la expiación repetidas veces. Aun así la provisión final por el pecado de Israel y el mundo era algo completamente más costoso, requería una demostración de amor más extraordinaria. Esto es lo que significa que «Jesús murió por nuestros pecados». Él proveyó la expiación, de una vez por todas, la restauración de la relación con Dios. Su muerte es la provisión por el pecado.

Estas tres premisas proporcionan las bases para presentar el evangelio a su vecino judío desde la perspectiva del Antiguo Testamento.

Premisa #1 Dios ama al pueblo judío.

Premisa #2 El pecado rompió la relación entre Dios e Israel.

Premisa #3 La solución de Dios para el pecado es el sacrificio del Mesías.

Todo lo que necesita ahora es demostrar cómo Yeshúa llegó a ser el último sacrificio que Dios ofreció para la expiación, reconciliación y restauración entre Dios y su pueblo, Israel. Por esto, necesitamos ver el asunto conocido como profecía mesiánica.

— 6 —

PROFECÍA MESIÁNICA

— o —

¿Dice eso mi Biblia?

¡A la gente le encanta la profecía! Los periódicos llenan los estantes de los supermercados con predicciones de hombres y mujeres que afirman tener dones de profecía. Todos los meses aparece un nuevo libro «cristiano» en lo que parece ser lo último sobre el futuro. Sean predicciones falsas o verdaderas, los lectores siguen adquiriéndolas y los apasiona la posibilidad de un conocimiento sobrenatural anticipado.

En la Biblia, Dios utilizó la profecía para amonestar a su pueblo en cuanto a su conducta pecaminosa y les advirtió las consecuencias. A veces, la profecía anticipaba el futuro, por lo general con relación a esas advertencias. Otras, la profecía era un mensaje de esperanza enfocado en la venida del Mesías.

¿Podría haber alguna información más significativa para los israelitas que los detalles de Aquel que había de venir, el que rescataría al pueblo de Israel de una continua situación de desespero? Nada captó más poderosamente la imaginación de los judíos, ni por mucho más tiempo, que la esperanza del Mesías venidero.

Dios le mostró a su pueblo el retrato del Ungido, el Mesías. Ese retrato se pintó con trazos de lo que llamamos profecía mesiánica, predicciones acerca de la venida del Mesías.

Cierta vez vi un libro en el que el autor pretendía haber descubierto trescientos treinta y tres profecías mesiánicas en el Antiguo Testamento. Aquellos que usan profecías mesiánicas al testificar a los judíos, sin embargo, no suelen necesitar más de una docena de Escrituras seleccionadas para tal fin. Este capítulo destacará las más eficaces y que más se utilizan, de modo que tenga una mejor comprensión respecto a cómo incorporarlas a su testimonio cuando le hable a su vecino judío.

Cuando dirijo seminarios para iglesias y grupos, muchas veces me hacen las mismas preguntas. Una que invariablemente surge es: «Si las profecías mesiánicas son tan claras, ¿por qué los judíos no las creen ni reconocen a su Mesías?» La respuesta puede sorprenderle.

¡La mayoría de los judíos jamás han visto las profecías mesiánicas!

«¿Cómo es posible, cuando las tienen en el Antiguo Testamento?», me preguntan. Aunque es cierto que las profecías que señalan a Jesús-Yeshúa pueden encontrarse en el Tanáj, también lo es, como dije anteriormente, que la mayor parte de los judíos nunca han leído el Antiguo Testamento.

En el pasado, los rabinos, en su afán por proteger a su pueblo de los desvíos, prohibieron la lectura de la literatura cristiana. Debido a la terrible persecución contra ellos en el nombre de Jesús, los líderes no querían que a sus rebaños los sedujera lo que *parecía* ser una religión antijudía. Las profecías mesiánicas fueron deliberadamente eliminadas de las tradicionales lecturas bíblicas semanales para asegurarse la lealtad y prevenir la curiosidad.

Uno puede apreciar las intenciones de los rabinos. Esta actitud protectora es comprensible si consideramos sus deseos de mantener al pueblo unido. Utilizaron la poca luz que tenían. Es lamentable, pero esa actitud impidió que el pueblo de Israel tuviera pleno acceso a la Palabra, como le ocurrió a los católicos, a quienes se les prohibió leer la Biblia durante muchos siglos.

La profecía mesiánica es algo con lo que muy pocos judíos están familiarizados. Además, dado que la doctrina del Mesías perdió vigencia en el judaísmo, la mención de este asunto se omite en la mayoría de los movimientos religiosos hebreos. Noventa y nueve por ciento de los judíos *nunca* han oído la expresión «profecía mesiánica». Por lo general, el cristiano es el que trae ese asunto a colación.

El caso es que, no obstante, la profecía mesiánica la dio Dios para que su pueblo supiera acerca del Mesías que había de venir, para que esperaran la llegada de su Rey y pudieran reconocerlo al nacer.

La profecía es parte de la Palabra de Dios y puede cumplir el propósito por el cual fue dada, a saber, señalarle al pueblo de Israel a Yeshúa, el Mesías.

Es bueno saber, además, que no son solo los cristianos los que consideran estas porciones de la Escritura como mesiánicas y predictivas en esencia. También lo hicieron los rabinos en la antigüedad. Esta información está compilada y disponible en libros, algunos de los cuales utilizo en mi ministerio.

Los escritos rabínicos suelen referirse a estas mismas profecías como mesiánicas. Pero solo los judíos profesantes, un pequeño segmento de la población hebrea, los leen. El antisemitismo «cristiano» ha llevado a algunos eruditos judíos a atribuir otras interpretaciones a muchos de esos pasajes.

Los verdaderos creyentes en Yeshúa pueden destruir las murallas erigidas por la horrible historia de relaciones entre la iglesia y la sinagoga. Con amor, armados con las profecías mesiánicas, se puede hacer esto una realidad.

Establezca el papel del profeta

Abraham, Isaac, Jacob, Moisés, son algunos de los personajes bíblicos con los cuales la comunidad hebrea se identifica. Sin embargo, Hageo, Sofonías, Amós y Miqueas no les son tan familiares. Los judíos no piensan mucho en los profetas de Israel y es raro que lean lo que dijeron.

Cuando se discute acerca de los profetas, casi siempre se les ve en el marco del papel que desempeñaron como reformadores sociales. Pero los del antiguo Israel jugaron otra función muy importante, como ya establecimos. Con frecuencia, sus profecías aludían al Mesías. Estos hombres fueron escogidos, no solo para llamar al pueblo de Israel a que se volviera a Dios, sino para predecir algunos de los acontecimientos futuros más importantes.

El Señor creó el oficio de profeta, y dio la descripción de ese trabajo en la Torá.

> Por eso levantaré entre sus hermanos un profeta como tú; pondré mis palabras en su boca, y él les dirá todo lo que yo le mande. Si alguien no presta oído a las palabras que el profeta proclame en mi nombre, yo mismo le pediré cuentas.
>
> Deuteronomio 18:18-19

El oficio del profeta se estableció porque el pueblo de Israel no habría soportado escuchar la voz de Dios directamente. Él sabía eso y ordenó a los profetas, pero fijó algunas reglas.

Si una persona hablaba en nombre de Dios, pero no era profeta, tenía que morir.

El profeta que se atreva a hablar en mi nombre y diga algo que yo no le haya mandado decir, morirá.

Deuteronomio 18:20

La prueba de autenticidad dependía directamente de la exactitud de la predicción.

Si lo que el profeta proclame en nombre del SEÑOR no se cumple ni se realiza, será señal de que su mensaje no proviene del SEÑOR. Ese profeta habrá hablado con presunción. No le temas.

Deuteronomio 18:22

Los verdaderos profetas predijeron acontecimientos futuros porque Dios quería que su pueblo se enterara de ellos. Para Israel, nada era más importante que la venida del Mesías. ¿Quién sería? ¿Cómo vendría? ¿Dónde nacería? ¿Cuándo llegaría? Por último, ¿qué haría?

Algunas profecías mesiánicas valiosas

El siervo sufriente: Isaías 53

Sin discusión, la profecía mesiánica de mayor impacto entre el pueblo judío es Isaías 53. Recuerdo vívidamente el día en que por primera vez se me mostró el retrato del inmaculado siervo sufriente de Dios.

Asistí al estudio bíblico que dirigía Dan Rigney, el misionero con botas de vaquero. Enseñaba acerca del libro de Isaías.

El primer capítulo menciona el pecado y la purificación:

«Vengan, pongamos las cosas en claro —dice el SEÑOR—. ¿Son sus pecados como escarlata? ¡Quedarán blancos como la nieve!»

Isaías 1:18

«¿Qué pecados?», dije desafiante. Y defendiendo las enseñanzas de la meditación trascendental, repliqué enseguida: «Mis problemas no los causa el pecado, sino el esfuerzo y la fatiga.»

Era un ignorante del pecado; recuerde, este no es algo relevante en los sermones de los rabinos; así que no había escuchado mucho acerca de eso. Sin embargo, empecé a convencerme de la presencia del pecado en mi vida, aun cuando conscientemente no había aceptado las normas de la ley de Dios. La Palabra del Señor estaba abriendo una brecha en mi corazón.

Una noche, en el estudio bíblico, Dan abrió su Biblia y nos pidió que buscáramos Isaías 53. Allí, delante de mí, había una vívida descripción de uno que dio su vida para expiar los pecados de su pueblo. Después de la lección, Dan me pidió que hiciera un comentario. «Estuvo muy bien», aseveré con frialdad, «y me agradaría creerlo, pero obviamente tomó una porción del Nuevo Testamento y la metió en el Antiguo. ¡Cualquiera puede ver que esos versículos se refieren a Jesús!» Me sentí burlado.

Dirigí mi vista a su Biblia e indiqué que leyó ese pasaje en la Nueva Versión Internacional. Definitivamente, esa no era una versión judía.

«Leeré esos versículos en mi Biblia judía», acoté. Pero, ¿dónde estaba mi Biblia? No la había visto desde el día de mi *Bar Mitzváh*, cuando dejé de observar muchas de las prácticas del judaísmo.

Me dirigí a la casa de mis padres, descendí corriendo por las escaleras hasta el salón familiar y hallé mi Biblia en la parte alta de la biblioteca. Me encaramé y la tomé, le quité el polvo y con avidez busqué Isaías 53. Y allí, para mi consternación, encontré las mismas palabras que había leído en la Biblia «cristiana». Sentí como si una descarga de alto voltaje recorriera todo mi ser cuando llegué a la conclusión de que Jesús-Yeshúa era aquel de quien habló Isaías.

Mis padres y sus amigos estaban en el piso de arriba jugando naipes. Subí las escaleras de dos en dos y con la Biblia abierta entre las manos exclamé: «Encontré al Mesías.» Qué extraño, pensé, a nadie parece importarle la magnitud de mi descubrimiento. En efecto, por la apariencia del rostro de todos, creí que les arruinaba la velada.

Pero ahora estaba convencido de que Yeshúa era el Mesías. Isaías 53 me lo aclaró.

Cuando usted lee en la Escritura la descripción del siervo sufriente, puede ver a un hombre que va sumisamente a la muerte para pagar por los pecados de su pueblo. Ve a un hombre que muere entre criminales, pero que lo sepultan entre ricos. Y aprende de uno que no cometió pecado, aunque llevó sobre sí los de muchos, demostrando su misión intercesora. Usted descubre que el Señor se satisfizo sacrificando a este hombre como una ofrenda por el pecado, el cual vería el fruto después de su muerte. Este es un drama de la vida, muerte y resurrección del Mesías.

En la antigüedad, los rabinos enseñaban que esta porción de la Escritura hablaba del Mesías. A fin de reconciliar que moriría y después reinaría, ofrecieron una teoría de dos mesías para explicar el doble papel que desempeñaría el Ungido. Mesías Ben José (Mesías, hijo de José) y Mesías Ben David (Mesías, hijo de David) fueron los nombres asignados a «ambos».

El primero, un símil de José, el hijo amado de Jacob que sus hermanos celosos vendieron como esclavo, cargaría con los pecados de su pueblo. El segundo, a semejanza del rey David, reinaría sobre Israel. Isaías 53 fue la porción utilizada para explicar el carácter sacrificial del Mesías. Y, como lo veremos más adelante, el profeta Zacarías predijo su dominio como rey.

Isaías 53 no requiere tanto rodeo en la interpretación. El retrato se pinta con claridad suficiente para quienes lo quieren ver.

> Despreciado y rechazado por los hombres, varón de dolores, hecho para el sufrimiento. Todos evitaban mirarlo; fue despreciado, y no lo estimamos. Ciertamente él cargó con nuestras enfermedades y soportó nuestros dolores, pero nosotros lo consideramos herido, golpeado por Dios, y humillado. Él fue traspasado por nuestras rebeliones, y molido por nuestras iniquidades; sobre él recayó el castigo, precio de nuestra paz, y gracias a sus heridas fuimos sanados. Todos andábamos perdidos, como ovejas; cada uno seguía su propio camino, pero el SEÑOR hizo recaer sobre él la iniquidad de todos nosotros ... Por lo tanto, le daré un puesto entre los grandes, y repartirá el botín con los fuertes, porque derramó su vida hasta la muerte, y fue contado entre los transgresores, cargó con el pecado de muchos, e intercedió por los pecadores.
>
> Isaías 53:3-6,12

La interpretación rabínica contemporánea de este pasaje es que describe a Israel, no al Mesías; y se sugirió primeramente alrededor del año

1100 de esta era, por el gran rabino Rashi. En esa época hubo una severa persecución de los judíos por parte de los cristianos. Estos «cristianos» sostenían que Isaías 53 aludía al Mesías. Por eso Rashi interpretó el pasaje de un modo que dejara de ser considerado mesiánico, por temor a que algunos de sus seguidores terminaran «erróneamente» siguiendo al «enemigo». Hacia el año 1500, una interpretación no mesiánica quedó establecida.

Es cierto que el pueblo judío ha sufrido las más grandes atrocidades que cualquier otro grupo o nación sobre la faz de la tierra; no obstante, es claro que no es a Israel a quien se refiere Isaías 53. Imposible que sea así. Trate de sustituir con el nombre Israel cada vez que el profeta habla de «siervo» o «él». Esto simplemente no se ajusta. El sentido puro del texto no apoya la moderna interpretación judía del pasaje. Este, indiscutiblemente, se refiere a una persona.

Cuando Felipe (el evangelista) viajaba de Jerusalén a Gaza, por un camino desierto, se encontró con el eunuco etíope, prosélito del judaísmo (Hechos 8:26-40).

El eunuco «había ido a Yerushalayim [Jerusalén] para adorar» e iba sentado en su carruaje, leyendo al profeta Isaías. «El Espíritu le dijo a Felipe: "Acércate y júntate a ese carro."» El eunuco estaba leyendo Isaías 53. Este, asombrado, le dijo a Felipe (un judío que creía en el Mesías): «Dígame usted, por favor, ¿de quién habla aquí el profeta?» (Hechos 8:34)

Felipe tuvo la oportunidad de hablar acerca de Yeshúa con su «vecino». El eunuco se emocionó de tal manera por hallar al Mesías, que demostró su compromiso al pedirle a Felipe que lo bautizara de inmediato.

Hace poco, hablé de Isaías 53 con una hebrea de mi familia. No le revelé a quién creía que se refiere este pasaje. Después de leer la porción, me dijo: «Pero esto no dice que hayan sido los judíos los que mataron a Jesús, ¿no es así?» Ella sabía que se refería a la muerte del Mesías. Estaba luchando con la mentira antisemita de que los judíos mataron al Mesías.

Cuando le dije que eso, en verdad, no significaba que los judíos mataron a Jesús, sino más bien que era una clara indicación de que Dios se agradó con el sacrificio del siervo sufriente, se sintió mejor. Imagine su sorpresa cuando señalé que ese pasaje se escribió setecientos años antes de que el Mesías naciera. Antes de despedirnos, me preguntó: «¿Dónde está esa porción de la Escritura?»

Sin duda alguna, Isaías 53 es la más contundente y vital de todas las profecías mesiánicas en cuanto a la descripción de la misión del Mesías venidero. Este profeta, sin embargo, no es el único que describe la obra del Mesías. Aunque Isaías presenta el relato más claro de su papel vicario («Mesías, hijo de José») su papel de Rey («Mesías, hijo de David») lo representa vívidamente el profeta Zacarías.

El rey conquistador: Zacarías 12—14

Nunca antes en la historia del mundo la profecía de Zacarías ha sido más oportuna. Hoy encontramos a Israel reunido en su propio territorio, rodeado por naciones hostiles, superado numéricamente en cien a uno e impopular entre muchas de las naciones del mundo. Casi se puede ver la profecía de Zacarías a punto de cumplirse, como si estuviéramos «en ese día».

El escenario de esa profecía es un día peligroso para Israel. El principio del capítulo 12 y el 14 describen un tiempo de gran riesgo, con todas las naciones del mundo reunidas para destruir a Jerusalén. Pero en ese día, Dios prometió salvar a su pueblo.

El Señor advierte que cualquiera que ataque a Jerusalén será severamente herido porque ella es una piedra difícil de levantar. Imagínese el esfuerzo de un hombre que intenta levantar un peso mayor de lo que es capaz. Se puede oír el lamento que escapa de su garganta y observar las muecas que deforman su rostro. Uno puede sentir cómo se contraen los músculos de su espalda hasta casi desgarrarse porque el peso es demasiado para soportarlo. Imaginar esa escena, nos hace entender el dolor que sufrirán las naciones hostiles cuando traten en vano de remover la ciudad de Dios, Jerusalén.

Entonces, cuando el ataque alcance su clímax y al parecer ninguna otra nación pueda ayudarla, Israel clamará a Dios. Él entonces derramará su Espíritu sobre la casa de David y los habitantes de Jerusalén, dando el «Espíritu de gracia y de súplica». Este derramamiento hará que el pueblo judío ponga «sus ojos en mí. Harán lamentación por el que traspasaron, como quien hace lamentación por su hijo único» (Zacarías 12:10). Nadie puede reconocer la verdad del Mesías a menos que el Espíritu de Dios se lo revele. «En aquel día», cuando el Espíritu sea derramado, todo Israel abrirá los ojos para conocer al Mesías.

En aquel día, cuando todas las naciones se unan contra Jerusalén, Dios mismo peleará por su pueblo. Pondrá sus pies sobre el monte de los Olivos (Zacarías 14:3) y rechazará a todos los que osaron atacar al pueblo escogido. Ese monte es el lugar en que el Mesías lloró por Jerusalén, lamentando el sufrimiento de su pueblo por haberlo rechazado (Mateo 23:37). Desde donde ascendió al cielo (Lucas 24:50) y también al que regresará (Zacarías 14:4).

Zacarías 13:1 promete una fuente, abierta a la casa de David y para los habitantes de Jerusalén, para limpiar el pecado y la impureza. En aquel día, la purificación de Israel se hallará en el sacrificio del Mesías.

En aquel día, brotarán aguas vivas de Jerusalén (Zacarías 14:8). La promesa de vida espiritual fluirá del corazón de Dios. Yeshúa, hablando con la mujer en el pozo de Jacob, le dijo que él era la fuente de agua viva (Juan 4:14)

Por último, aquellas naciones que permanezcan después del ataque en Israel (las que se aliarán con Dios) subirán a Jerusalén año tras año para adorar al Rey, el Señor de los ejércitos. Será entonces cuando se complete la misión final del Mesías y se logre su última meta: imperar como Rey sobre toda la tierra.

Estas profecías de Zacarías aún no se han cumplido. No todas las naciones del mundo se han unido contra Israel; el Espíritu no se ha derramado sobre el pueblo judío, ni el Señor ha regresado al monte de los Olivos.

De esta manera se ven con claridad las dos facetas del Mesías en ambas profecías mesiánicas. La primera, la del Siervo sufriente, el Mesías hijo de José, se describe en Isaías 53. La segunda, la del Rey conquistador, el Mesías, hijo de David, se describe en Zacarías 12—14. Estos dos poderosos pasajes de la profecía mesiánica pueden persuadir a los judíos de que Yeshúa-Jesús es el Mesías. Y hay muchas profecías más que apoyan esta conclusión.

La entrada del Rey: Zacarías 9:9

Zacarías 9:9 nos relata acerca del medio de transporte que usaría el Mesías para entrar a Jerusalén. Llegaría montado en un pollino. Esto revela un cuadro muy curioso. Podríamos pensar que el Mesías debería entrar en la ciudad, en la que más tarde reinaría, en un medio de transporte diferente.

Por lo general, el rey entraba en la ciudad montando un caballo de guerra y ambos, jinete y caballo, armados y dispuestos para la batalla. Esta exhibición de poder y fortaleza pretendía intimidar a los enemigos. Eso lo seguimos viendo hoy, cuando algunas naciones participan en ejercicios militares en un despliegue bélico para mostrar a las demás su poderío.

El Mesías entraría montado en un asno porque su misión era de paz, no de conquista. Mateo 21:2-6 describe el cumplimiento de esta profecía cuando el Mesías llegó a Jerusalén en un pollino y «entró triunfalmente». Su demostración fue de mansedumbre, no de poderío.

El Rey eterno: 2 Samuel 7:12-17

Esta porción de la Escritura reúne dos cosas en una. La profecía de que un hijo de David reinaría sobre Israel y que ese reino sería para siempre.

La vida de David se acercó a esto. Dios envió a Natán, el profeta, a que le ofreciera al rey una promesa de esperanza en el ocaso de su vida. Refiriéndose a Salomón, el profeta dijo:

> Cuando tu vida llegue a su fin y vayas a descansar entre tus antepasados, yo pondré en el trono a uno de tus descendientes, y afirmaré su reino. Será él quien construya una casa en mi honor, y yo afirmaré su trono real para siempre.
>
> 2 Samuel 7:12-13

Salomón construyó «casa a ... [Dios]», pero no vivió ni gobernó para siempre. ¿Cómo, entonces, permanecería el trono de su reino eternamente, sobre todo si tomamos en cuenta que el templo de Salomón lo destruyeron más tarde y que Israel no coronó más reyes? La respuesta la encontramos en el Mesías. Ese Hijo, ese descendiente de David, establecería en forma definitiva un reino eterno.

Las genealogías del Mesías demuestran que, en efecto, fue descendiente de David. El primer capítulo de Mateo traza su ascendencia desde Abraham, a David, a José, su padre adoptivo, probando que era el heredero legal de las promesas hechas a Abraham y a David. Lucas 3 presenta la genealogía de María, mostrando la descendencia davídica del Mesías.

Por lo tanto, después de la muerte de Yeshúa y su ascensión al cielo, él se sentó «a la diestra del *HaG'dulah* [la majestad]» (Hebreos 8:1). Apocalipsis 1:5 registra la declaración de Juan en cuanto a que Yeshúa es «el soberano de los reyes de la tierra».

Yeshúa-Jesús fue el hijo de David, el Rey eterno.

El nacimiento milagroso del Mesías: Isaías 7:14

La mayoría de los cristianos están familiarizados con la comúnmente llamada profecía de la Navidad:

> «La virgen concebirá y dará a luz un hijo, y lo llamarán Emanuel» (que significa «Dios con nosotros»).
>
> Mateo 1:23

Mateo, escribiendo bajo la inspiración del Espíritu Santo, consideró que esta profecía dada por Isaías tuvo su cumplimiento en el nacimiento milagroso del Mesías. Hay que estar alerta, sin embargo, ante la posibilidad de recibir un argumento de su vecino judío acerca del uso de las palabras *ha alma*, traducidas como «virgen». Técnicamente, *alma* significa, en hebreo, «mujer joven»; hay otra palabra también hebrea, *betulah*, que quiere decir «virgen».

El contenido de Isaías 7:14 es válido y puede utilizarse como profecía mesiánica, pero a menos que uno se compenetre en un estudio detallado de este versículo, será mejor evitarlo por ahora. Los eruditos aún no concuerdan respecto a *en qué manera* el nacimiento del Mesías fue el cumplimiento de la profecía de Isaías.

Podría ser de mucha ayuda para su vecino judío, sin embargo, si le señala que Dios usó algunos nacimientos milagrosos en la creación del pueblo judío. Los «nacimientos» de Adán y Eva fueron milagrosos. Las esposas de Abraham, Isaac y Jacob fueron estériles hasta que Dios abrió sus vientres para hacer surgir a los hijos de Israel.

Tampoco debería sorprender a nadie que él empleara un nacimiento milagroso para salvar a su pueblo. Que el Mesías naciera de una virgen es perfectamente lógico con el modo en que obró el Todopoderoso en el pasado. Después de todo, como en cierta ocasión me dijo un eminente erudito judío: «Un nacimiento virginal no es más que una variedad diferente en el jardín de los milagros de Dios. ¿Acaso él no creó el universo?»

El portentoso nombre del Mesías: Isaías 9:6

El versículo que discutimos, Isaías 7:14, se encuentra en una sección a la que se hace referencia como el «Libro de Emanuel». Esta rica porción del libro de Isaías incluye otra gran profecía mesiánica, Isaías 9:6

Porque nos ha nacido un niño, se nos ha concedido un hijo; la soberanía reposará sobre sus hombros, y se le darán estos nombres: Consejero admirable, Dios fuerte, Padre eterno, Príncipe de paz.

Esta fenomenal profecía describe el reino mesiánico y los atributos del pequeño bebé que luego nacería en Belén. A ningún judío en la historia se le atribuiría ese nombre, excepto a Yeshúa, el Mesías.

La venida del Mesías: Daniel 9:24-27

Poco después que me enfrentaron al mensaje del Mesías, me tocó luchar con un dilema. Me hallé empezando a creer en el evangelio. Esto me aterrorizó porque sabía que si profesaba fe en Jesús, cambiaría el curso del resto de mi vida.

Continuaba estudiando y practicando la meditación trascendental con la esperanza de convertirme en maestro de esa técnica. De repente, Yeshúa apareció en la escena. Si era en verdad el Mesías, yo tendría que volver a organizar, trazar y orientar mi vida. Era una idea aterradora.

Por si esto fuera poco, sospeché que aunque mis padres y amistades no me repudiaran, sin lugar a dudas se apartarían de mí. Lo que ocurrió, hasta cierto punto. (Esto no es inusual para los judíos creyentes, pero debe saber que las relaciones con mi familia, después de algunos trastornos, son mejores que nunca. Le cuento esto porque podría ayudar a su vecino judío a lidiar con esos posibles temores.)

Ocurrió un martes, la noche del estudio bíblico de Dan Rigney. En vez de continuar en Isaías, abrimos el libro de Daniel. Sentí una pizca de alivio al pensar que al fin me hallaría en terreno conocido. Daniel, al fin y al cabo, era aquel que fue librado del foso de los leones, el mismo del que aprendí cuando era niño. Sin embargo, no sabía nada de Isaías.

Lo que no sabía era que Dios le reveló a Daniel el tiempo exacto de la venida del Mesías. ¡Tremendo!, dije cuando empezamos a estudiar el capítulo 9 de Daniel. Esto sería una confirmación para mí. El versículo 24 se refería a cierto período, después del cual el Mesías vendría, la transgresión terminaría, la iniquidad se expiaría, vendría la justicia eterna y sería ungido (algo así como «mesianizado») el Lugar Santísimo.

El versículo 26 me noqueó. Dice que, en conexión con este período, al Mesías se le quitaría la vida, lo asesinarían. Entonces, después de la muerte del Mesías, la ciudad (Jerusalén) y el santuario (el templo) serían destruidos. Ambos, Jerusalén y el templo, fueron destruidos en el año 70 E.C. Eso significa que el Mesías tuvo que morir *antes* de esta fecha.

Enseguida, Daniel 9 me hizo avanzar un paso más en mi decisión de creer. Pero al mismo tiempo, algo me impactó y me hizo tambalear. Si todo era tan claro como me parecía, ¿por qué los rabinos no lo podían ver? Consideré que sería mejor consultar con uno antes de caer en algo que no fuera verdad. Me percaté de que, o la mayoría de mis compatriotas judíos no habían encontrado al Mesías, o que todos mis amigos cristianos seguían una mentira. Tenía que saber la verdad.

Puesto que no conocía a ningún rabino en persona, fui a cada una de las casas de todos mis parientes tratando de encontrar a alguien que conociera uno. Mi padre me refirió a uno en el centro de Washington, D.C., y conseguí una cita para hablar con él. Biblia en mano, me dirigí a su oficina, y una vez allí le pregunté:

—Rabí, ¿podría explicarme la interpretación «judía» del capítulo 9 de Daniel?

—Le aconsejo —dijo, turbándome con su respuesta—, que no estudie la Biblia. Si lo hace, todo lo confundirá.

—Pero Rabí —le dije en tono de reclamo—, ¿cree usted en Dios? Nunca olvidaré su respuesta.

—Dios —musitó—, ¡es una buena hipótesis!

Quedé perplejo. Cuando salí de su oficina me sentí tan desorientado que no encontraba mi automóvil. Lo que necesitaba en ese momento era un rabino que verdaderamente creyera en Dios y que aceptara la Biblia como su Palabra. Sin embargo, no conocía a ninguno ortodoxo al que pudiera contactar.

Al día siguiente, cuando fui a trabajar, ocurrió una extraña «coincidencia». La puerta del frente estaba abierta y entró un hombre al que nunca había visto. Tenía una larga barba blanca y el traje negro que lo identificaba como rabino ortodoxo. Casi le caí encima.

—Rabí, ¡me gustaría estudiar con usted! —exclamé.

—¿Quiere ser rabino? —me preguntó.

Moví mi cabeza de un lado a otro.

—No lo sé. Lo único que quiero es conocer la verdad.

En un gesto de amabilidad, el rabino me invitó a visitarlo a su casa para estudiar con él, cosa que hice durante varias semanas. Cuando le pregunté acerca de Daniel 9, me dijo simplemente que no le permitieron estudiar esa porción de la Escritura porque en ella se calculaba el tiempo de la venida del Mesías.

—Entonces —le dije—, ¿por qué no puede estudiarla?

Me miró con solemnidad y respondió:

—El Talmud nos prohíbe calcular el tiempo de la venida del Mesías.

Eso, me explicó, fue con el propósito de evitar la especulación y la posibilidad de perder la fe si el Mesías no venía en el tiempo calculado.

Ahora estaba convencido. Si el viejo rabino estaba en lo cierto, que Daniel predijo la venida del Mesías, y si los cálculos que yo había hecho eran certeros, Yeshúa debía ser el Mesías.

Al testificar a su vecino judío, no siempre es necesario entrar en tantos detalles con respecto a estos cálculos. Con frecuencia, es suficiente demostrar que hay un período que concluye con la muerte del Mesías (muerte cuyo propósito era poner fin a la iniquidad) y que ese período se cumplió antes de la destrucción del templo en el año 70 de esta era.

Daniel 9, como Isaías 53, es una de las más poderosas profecías mesiánicas.

El lugar del nacimiento del Mesías: Miqueas 5:2

Dios no solo reveló por qué, cómo y cuándo vendría el Mesías, también fue específico respecto al lugar en que habría de nacer. Miqueas 5:2 (5:1 en la Biblia judía) señala:

> Pero de ti, Belén Efrata, pequeña entre los clanes de Judá, saldrá el que gobernará a Israel; sus orígenes se remontan hasta la antigüedad, hasta tiempos inmemoriales.

Dios escogió un pueblo humilde para el nacimiento del Mesías, Belén, la ciudad de David.

Mateo se refiere a este versículo en el capítulo 2 de su Evangelio. Cuando Herodes reunió a los jefes de los sacerdotes y escribas y les preguntó dónde iba a nacer el Mesías, ellos citaron Miqueas 5:2. Esta profecía fue explícitamente considerada como mesiánica en los días de Yeshúa.

El nuevo pacto mesiánico: Jeremías 31:31-33

Cualquier judío podría desafiarle en cuanto al Nuevo Testamento. ¿Dónde se nos dice que necesitamos otro Testamento? ¿No es suficiente uno? La respuesta a esta pregunta se halla en Jeremías 31:31-33.

A través de Jeremías, Dios prometió un nuevo pacto a su pueblo, diferente del antiguo, el pacto mosaico. Bajo el nuevo, Dios prometió escribir su ley en los corazones de ellos y no en las tablas de piedra.

Durante la última Pascua que pasó con sus discípulos, el Mesías se refirió a la copa de vino, de la cual todos debían tomar, como el «nuevo pacto» en su sangre (Lucas 22:20). Cuando una persona cree en el Mesías, se escribe la ley en su corazón; una ley que también incluye perdón por el pecado, ya que su sacrificio fue perfecto.

Esto no implica que sea erróneo conservar los mandamientos, ni aun la propia ley escrita. La ley que el Señor dio se exalta hermosamente a lo largo del Salmo 119, es santa, justa y buena. Pero si la ley se guarda *solo* externamente con un corazón lejos de Dios, su observancia es ineficaz.

Una fe vinculada a Dios es el aspecto más importante de la vida espiritual. Debido a esa relación, la persona se compromete a obrar piadosamente. Seguir el camino trazado por Dios es una consecuencia de la salvación, no una condición para alcanzarla. Me gusta decir que nos empeñamos en seguir la ley, no *para* lograr la salvación, sino como fruto *de* ella.

Jeremías prometió que un nuevo pacto cambiaría un día la observancia de la ley de Dios de un ritual externo a una conciencia interna. Y, por supuesto, esta es la gran bendición que seguir el camino de Dios siempre trae como consecuencia sus bendiciones.

Presente la profecía mesiánica

Ahora que está armado con las profecías para presentarle el Mesías a su vecino judío, permítame hacerle una advertencia. Es muy importante actuar con sencillez, aunque con firmeza, al tratar estos pasajes proféticos. Este es un terreno nuevo y poco familiar para la mayoría de los judíos.

Además, hay algunas críticas válidas concernientes a la manera en que estos versículos se usan e interpretan algunas veces.

A los creyentes se les acusa de sacar de su contexto histórico algunos versículos de la Escritura. En cierto grado eso es verdad. Esto no significa que las porciones estudiadas no sean profecías mesiánicas. Lo son. Pero el *porqué* lo son no es muy fácil de entender.

No obstante, no dude presentar la profecía mesiánica en su esfuerzo por difundir el evangelio. Las profecías mesiánicas son parte de la Palabra de Dios y se dieron para ayudar a su pueblo a que encontrara al Mesías. Muchos testimonios de judíos creyentes incluyen referencias a los pasajes que examinamos aquí. Estos testimonios están disponibles a través de mi ministerio.

SEMÁNTICA Y SENSIBILIDAD

— o —

Construya puentes, no murallas

E staba frente a un mar de caras blancas. Me tomaría un momento llegar al meollo del asunto en mi clase de semántica general en la Universidad Howard.

«El asunto no es la palabra», repetí una vez más. Pero por alguna razón este principio básico de semántica no estaba llegando al punto que deseaba. «Por ejemplo», continué, «la palabra perro, no es el perro en sí. Es solo un sonido que denota al animal, un símbolo; el perro en sí mismo es lo que se llama el referente.»

Les pedí a todos en la clase que dibujaran un perro. Pronto tuve frente a mí figuras de perros enormes y en miniatura. Perros con pedigrí y callejeros; negros y blancos. Hubo alguien que dibujó un «perro caliente». El ejercicio logró el resultado que esperaba. Las palabras, a veces, pueden ser un medio muy pobre de comunicación, pero son las herramientas que tenemos para tal fin.

Es importante entender que, aun cuando una palabra tenga un significado para uno, con frecuencia puede tener otro para los demás. Al hablar con su vecino judío acerca de Jesús, este principio es especialmente cierto. El punto es en verdad materia de significados «indicativos» y «connotativos».

El significado indicativo es el sentido técnico original de la palabra. Por ejemplo, el término agua, por lo que denota, es «H_2O». Agua es el compuesto de dos átomos de hidrógeno con uno de oxígeno. Este es el significado indicativo.

Connotativamente, no obstante, la palabra agua significa mucho más. Puede connotar unas vacaciones de verano en la playa. Podría también remembrar la frustración al tener que achicar el agua de una habitación inundada o evocar el agradable recuerdo de un refrescante vaso de agua fría después de cortar el césped de la casa.

«¡Te tengo buenas noticias!»

La palabra agua tiene entonces ambos significados, el indicativo y el connotativo. El término agua no es el líquido en sí. Esta es la naturaleza de la semántica. La palabra no es la cosa, es el símbolo que la representa.

No verá esto más claro que cuando tenga que darle el mensaje del Mesías a su vecino judío.

Un compañero de trabajo en la unidad de reserva de los guardacostas me testificaba utilizando un lenguaje semántico muy sensible. La manera en que escogía las palabras captaba mi atención y me obligaba a pensar en lo que decía. Como mencioné al principio, en respuesta a mi pregunta acerca de esa esquiva paz que él parecía poseer, se reía y me decía: «¡Tu Mesías vive en mi corazón!»

Él empleaba el término Mesías, que proviene del hebreo Mashiach y significa el «Ungido». En griego, la palabra para ungido es *Cristós*, más comúnmente dicho «Cristo». Mesías y Cristo significan exactamente la misma cosa técnica o indicativamente hablando. Ambas se pueden definir por la palabra ungido. Connotativamente, no obstante, comunican dos significados diferentes por completo. Aquí está el caso clásico en que la palabra en concreto no es la cosa.

Para el judío, Cristo es el apellido de la deidad gentil. Me sorprendió cuántos cristianos no judíos también piensan eso. Para el judío, Cristo dirigió las cruzadas, gestó la inquisición y promovió las persecuciones contra los hebreos a lo largo de estos veinte siglos. Para el judío, Cristo es parte de la frase: «los asesinos de Cristo», empleada por los que acusan a los hebreos de deicidio.

Si mi compañero en la guardia costera me hubiera dicho: «Cristo vive en mi corazón», esto habría significado algo completamente diferente para mí. Quizá hubiese pensado: «Bueno, eso está bien para ti. Se supone que debes creer en tal cosa. Pero eso no tiene nada que ver conmigo. Tal vez debo considerar tener algo más de Moisés en mi corazón.»

Todo su argumento se habría perdido por no utilizar un lenguaje semánticamente sensible. De manera connotativa, en el pensamiento hebreo, Cristo no equivale a Mesías. Los judíos se sienten más cómodos con este término aun cuando la mayoría de ellos no abrace una esperanza mesiánica. (Hablaremos más de este asunto en la sección III.)

Así que, si habla acerca del Ungido, el Cristo, ¿por qué no decirlo a la manera judía: Mesías? Esto hará más eficaz la comunicación.

Los cristianos usan otros términos semánticamente «cargados» cuando testifican. Cierta terminología puede reemplazarse con un lenguaje menos ofensivo, menos ambiguo, que indique el mismo punto que desea señalarse... mejorándolo.

El apóstol Pablo les dijo a los creyentes de Corinto: «No hagan tropezar a nadie, ni a judíos, ni a gentiles ni a la comunidad mesiánica [iglesia] de Dios (1 Corintios 10:32) y «Entre los judíos me volví judío, a fin de ganarlos a ellos» (1 Corintios 9:20). Aun cuando le escribía a una iglesia gentil, estuvo presto para aconsejarles acerca de la eficacia de la comunicación.

Todos los grupos desarrollan una jerga, una manera propia y única de decir algo. Todos los que se adaptan a la manera en que el grupo usa esa jerga son considerados «parte de él». Los que no, sencillamente están fuera. No debe ser su meta tocar la puerta de su vecino judío y hacer que se sienta excluido de la familia de Dios. En vez de eso, debe utilizar un lenguaje que atraiga a la persona y en verdad le comunique todo lo que Dios promete en Yeshúa.

Las palabras son las herramientas que Dios nos da para comunicarnos. Podemos ser muy eficientes si usamos apropiadamente ese recurso.

Le insto a que aprenda y utilice las palabras menos ofensivas para los judíos y que, a la vez, les comuniquen con más claridad la verdad bíblica. Usted no solo se convertirá en un mejor comunicador, sino que también adquirirá una nueva perspectiva de muchas de las doctrinas de su fe.

La siguiente lista contiene una serie de palabras que pudieran ser confusas o motivo de objeción por parte de los hebreos. Además, intento explicar las razones para sugerir este cambio.

Sustitutos semánticos para un testimonio con sensibilidad

1. En vez de usar el adjetivo cristiano, diga mesiánico, bíblico o escritural.

Para el judío, el adjetivo cristiano no describe a un seguidor del Mesías de Israel. Significa, en cambio, una persona no judía que va a la iglesia, sea católica, episcopal, bautista, presbiteriana, etc. Hace muy poca diferencia si la persona «nace de nuevo» o si practica la fe cristiana. Ser judío es asunto de nacimiento, no una elección. Por lo tanto, ser cristiano es visto también como un asunto de nacimiento, no una elección.

Mesiánico o bíblico tiene el mismo significado para los judíos y les comunica algo.

Ejemplo: «Esa no es la manera bíblica de hacer las cosas», en lugar de «Esa no es una manera cristiana de hacer las cosas». O, «Somos seguidores de la fe mesiánica» más que «Somos cristianos».

2.En vez de llamar a alguien cristiano emplee el término creyente.

Cristiano significa «uno que sigue a Cristo». Para el judío equivale a gentil y tiene muy poco que ver con el Mesías o cualquier cosa hebrea. Por eso es que creyente o creyente en Yeshúa dice algo más definido.

Ejemplo: «Creo en el Mesías», en lugar de «Soy cristiano».

3.Más que la palabra Cristo, use el término Mesías.

Como expliqué, no se entiende a Cristo por su significado de «Ungido»; más bien se considera que es el apellido de la deidad de los gentiles. Mesías es un vocablo más familiar que representa a la misma persona.

Ejemplo: «Soy seguidor de Yeshúa, el Mesías», en vez de «Jesucristo es mi Señor».

4.En lugar de referirse al lugar de reunión de la iglesia, llámelo congregación.

Aunque iglesia significa «el cuerpo de todos los creyentes» (judíos y gentiles), para el judío es donde los gentiles se reúnen para adorar los domingos. Esto no es algo en lo que tradicionalmente participen. El vocablo que puede sustituir a iglesia es congregación, pues este es el término que la mayoría de los judíos usan para llamar a su lugar de adoración.

Ejemplo: «Acabo de volver del servicio que tuvimos en mi congregación», en vez de «Acabo de regresar de la iglesia».

5.Más que emplear el sustantivo griego Jesús, trate de llamar al Mesías por el nombre que usaron sus familiares y discípulos, Yeshúa (forma abreviada de Yehoshúa o Josué).

Muchos judíos han sufrido situaciones difíciles por decir el nombre Jesús. A otros tantos se les enseñó a nunca pronunciarlo en sus hogares.

Dado que sus seguidores lo llamaron Yeshúa, su nombre hebreo, en vez de Jesús (la traducción griega), es aceptable utilizar su nombre hebreo. Ambos nombres, uno griego y otro hebreo, denotan lo mismo: Salvador. Aunque connotativamente hablando uno es judío y el otro gentil.

Ejemplo: «José y María tuvieron un hijo llamado Yeshúa.»

6. En vez de decir que Jesús murió por mis pecados, trate de usar la frase «expió mis pecados».

El término expiar es más familiar para los judíos puesto que el «Día de Expiación» es una festividad de observancia anual. El sacrificio de Yeshúa fue el cumplimiento de este sagrado día. El mensaje es más claro si testifica eso en su propio testimonio.

Ejemplo: «El Mesías Yeshúa expió mis pecados», en vez de «Cristo murió por mis pecados».

7. En lugar de referirse al Consolador como Espíritu Santo, utilice el término Espíritu de Dios.

Aunque el título Espíritu Santo aparece en el Antiguo Testamento, al oído de un judío esto parece catolicismo romano. Esto también enfatiza el concepto de la Trinidad, uno muy difícil de entender aun para los cristianos, no digamos para los judíos. El Espíritu de Dios es un término que se encuentra en Génesis 1:2.

Ejemplo: «Está lleno del Espíritu de Dios», en lugar de «Está lleno del Espíritu Santo».

8. En vez de emplear la palabra Trinidad, use el término compuesto Dios triuno.

El vocablo Trinidad no aparece en la Escritura. Acuñado en el Concilio de Nicea, es un intento humano por describir la misteriosa y singular naturaleza de Dios. Sin embargo, el término Trinidad hace confuso el tema. (Véase Sección IV.)

Ejemplo: «Creemos en el Dios triuno», en vez de «Creemos en la Trinidad».

9. Más que llamar mensaje de salvación al evangelio, refiérase a este como las buenas nuevas.

Para el judío, el mensaje del evangelio ha sido algo así como malas noticias, no buenas nuevas. Los llamados portadores de las buenas nuevas con frecuencia han sido los perseguidores de los judíos. Es bueno definir la palabra puesto que el término evangelio tiene para los hebreos una connotación negativa.

Ejemplo: «Estoy dando las buenas nuevas de que el Mesías vino para expiar el pecado», en lugar de «Soy un ministro del evangelio de Jesucristo».

10. En vez de celebrar domingo de pascua (en inglés, Easter),[1] enfatice que es el día de resurrección. El día de pascua connota una serie de celebraciones (dependiendo del país), entre otras, procesiones, dádivas, huevos de pascua y antisemitismo. Esto tiene muy poco que ver con el concepto de resurrección, el cual, como lo veremos en la Sección IV, es muy judío.

Ejemplo: «Asistimos al servicio de resurrección», en vez de «Vamos al servicio de pascua».

11. Más que referirse a la palabra Navidad, ¿por qué no decir el cumpleaños del Mesías?

Otra vez, la palabra Navidad se asocia a algo más que el nacimiento del Mesías. Connota adornos, árbolitos, San Nicolás. Todas estas son tradiciones gentiles, sin mucha relevancia para los judíos. Sin embargo, el nacimiento del Mesías es de importancia crucial para ese pueblo.

Ejemplo: «Felicidad por el cumpleaños del Mesías», en lugar de «Feliz Navidad».

12. En vez de Pentecostés, refiérase a ese día como Shavuot.

El día santo discutido en Hechos 2 era conocido como Shavuot. Pentecostés es la manera griega de decirlo. Cuando los judíos escuchan la palabra Pentecostés, pueden relacionarla con el pentecostalismo y algunos segmentos y manifestaciones asociados a este movimiento, algo

---

[1] Nota del traductor. Para entender esta palabra es necesario hacer esta aclaración, ya que Easter, una tradición anglosajona no usual en el ambiente hispano, deriva su nombre de la deidad pagana Ishtar y algunas denominaciones cristianas la incorporaron hace varios siglos.

que no tiene ningún sentido para la mayoría de los hebreos. Pentecostés fue el santo día judío, Shavuot.

Ejemplo: «Los creyentes estaban unánimes juntos en Shavuot», en vez de «Los cristianos estaban unánimes juntos en Pentecostés».

13. Más que esperar la segunda venida de Cristo, anticipe el regreso del Mesías.

Piense en cuánto más puede comunicar a los judíos cuando les habla del regreso del Mesías desde una perspectiva hebrea. Esto ubica ese regreso al monte de los Olivos en su propio contexto hebreo.

Ejemplo: «Estoy a la espera del regreso del Mesías», más que «Estoy esperando la segunda venida de Cristo».

14. En vez de referirse a la segunda porción de las Sagradas Escrituras como Nuevo Testamento, otra manera de llamarlo es el Nuevo Pacto o, en hebreo, B'rit Hadashah.

Como aprendió en la sección de la profecía mesiánica, Dios prometió al pueblo judío que haría un «nuevo pacto» con ellos. Este término, en español o hebreo, será más relevante para su vecino judío. El Nuevo Testamento es visto por los hebreos como la porción gentil de la Biblia.

Ejemplo: «Esto se halla en el Nuevo Pacto», en vez de «el Nuevo Testamento».

15. En vez de llamar a la primera parte de la Biblia el Antiguo Testamento, diga Tanáj o Escritura hebrea.

Para el judío, la parte familiar de la Biblia no es antigua (es decir, algo viejo). Este no es mucho más antiguo que el Nuevo Testamento. Puede considerarse ofensivo llamar antiguo al libro sagrado de alguien.

El Tanáj incluye la Torá (los cinco libros de Moisés), Neviim (los profetas) y Ketuvím (los escritos). Este acrónimo T-N-K es la manera en que los judíos se refieren a la «antigua» porción de la Biblia. Algunas veces, sin embargo, la llaman Torá, ampliando el término de modo que abarca más de los cinco libros de Moisés.

Ejemplo: «Estamos estudiando el Tanáj», en vez de «Estamos estudiando el Antiguo Testamento».

16.Más que hablar de bautismo, decir inmersión o mikvá, el ritual de purificación por inmersión.

Hay, por supuesto, una amplia variedad de opiniones entre los creyentes en cuanto al modo de *prescribir* el bautismo. No obstante, por el bien de su amigo o vecino judío al que le importa muy poco esta controversia, aun cuando para quien la palabra bautismo implica connotaciones desagradables, ¿por qué no sustituirlo por la palabra «inmersión»? A pesar de su punto de vista personal con respecto al modo de bautizar, la palabra inmersión representa una mejor manera de identificarse con él.

Si recuerda lo que señalé acerca de los judíos con respecto a la inquisición española, entenderá por qué bautismo es una palabra que les evoca malos recuerdos hasta hoy. En España, forzaban a los judíos a bautizarse. Pero ello no era en respuesta a una fe verdadera, sino a una sumisión impuesta.

El origen auténtico del acto del bautismo se remonta a la tradición hebrea asociada con el simbolismo de la purificación, hoy llamado mikvá. Juan el «Bautista» instó a sus seguidores a que simbolizaran, a través de esta ceremonia, su identificación con su mensaje y mostraran una convicción externa de su conversión. Asimismo, sumergir a alguien en el nombre de Yeshúa representa la identificación con su mensaje.

Ejemplo: En vez de decir «Me bautizaron», diga: «Me sumergieron para identificarme con el Mesías».

17.Más que hablar de cruz, decir altar e incluso madero mortal.

Aunque la cruz representa la culminación del ministerio terrenal de Yeshúa, la gente tergiversó el verdadero significado del amor que se demostró allí. En lugar de ver la cruz como el lugar de la salvación, los judíos la consideran uno de persecución. Como ya observamos, el pueblo judío ve la cruz con temor.

Ejemplo: En vez de decir «Jesús murió en la cruz por el pecado», diga: «Yeshúa expió el pecado en el madero».

18.Antes que usar el término conversión diga arrepentimiento.

La Biblia emplea el vocablo conversión con el sentido de volverse del pecado hacia Dios, pero en nuestra sociedad su connotación es cambiar de religión. Cuando un judío acepta a Yeshúa, no piensa en cambiar de religión, sino en volverse del pecado a Dios.

Ejemplo: En vez de decir «judío convertido», diga: «judío arrepentido» o «mesiánico», término que emplean los judíos creyentes.

Esta lista no es definitiva. Sin embargo, ofrece los principales ejemplos de palabras y frases que pueden adaptarse para llevar las buenas nuevas de salvación más cerca del corazón de su vecino judío. Al hacer estos pequeños ajustes en su discurso, no solo tomará en cuenta el significado connotativo de estas palabras cargadas de emoción, sino que también obtendrá una perspectiva más profunda de las raíces judías de su propia fe.

Ahora que se familiarizó con la terminología mesiánica, ¿por qué no poner en práctica lo que aprendió? Emplearemos terminología mesiánica exclusivamente a través del resto de este libro. Eso le dará una oportunidad para sentirse más cómodo usando este lenguaje sensible.

SECCIÓN III

La audiencia: Su vecino judío

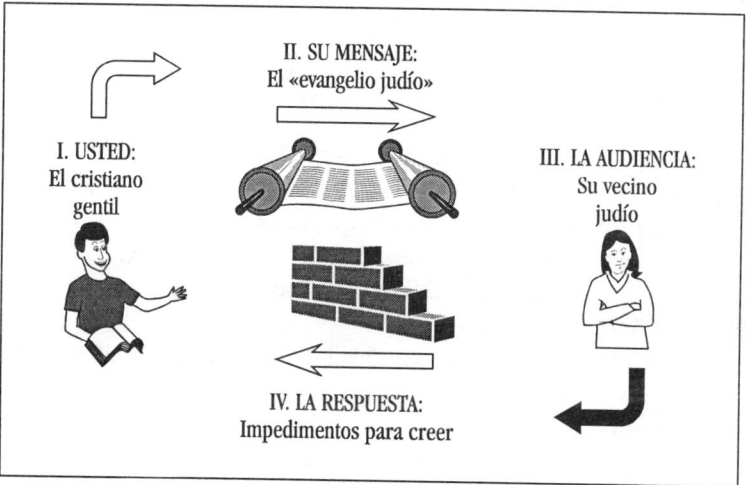

II. SU MENSAJE:
El «evangelio judío»

I. USTED:
El cristiano
gentil

III. LA AUDIENCIA:
Su vecino
judío

IV. LA RESPUESTA:
Impedimentos para creer

na amiga mía solía vender joyas. Una vez, mientras discutíamos las diferentes maneras de comunicar el mensaje del Mesías en un modo más eficaz, me dijo que en ventas el secreto de todo es: «¡Conocer al cliente!» Puedo dar fe de que eso es cierto, por una transacción que llevé a cabo con un vendedor de autos.

«¡Te tengo buenas noticias!»

Llegó el momento de comprar un vehículo nuevo. Steffi seguía conduciendo el Volvo que adquirimos al casarnos en 1975. Aunque al final donamos nuestro auto a una organización que los reparaba y los daba a judíos inmigrantes rusos, necesitaba algo que se ajustara más a su vida suburbana con sus dos hijos y muchos amigos y lugares a los cuales ir.

Decidimos darle un vistazo a los microbús en el negocio más cercano a nuestra casa. Cuatro años antes, compré un automóvil en el mismo lugar, el que ahora daríamos como parte de pago para comprar el *nuevo*. Aún recordaba al vendedor que me persuadió a invertir miles de dólares en ese pequeño auto. Él era un m.d.l.t., un miembro de la tribu. En otras palabras, era judío.

Algo poco común de este negocio de autos es que casi todo pertenece y lo administran árabes. Sin embargo, tienen varios judíos entre sus vendedores, uno de los cuales me orientó en la compra aquella vez. Ese mismo vendedor se nos acercó ahora que veníamos a adquirir el microbús.

Me impresionó cuando me llamó por mi nombre. «Señor y señora Rubin, ¡qué gusto me da verlos de nuevo! ¿Cómo están sus dos preciosas hijas?»

¡Me cayó bien el tipo! De inmediato, estaba listo para la compra. No termino de comprender cómo se las ingenió para recordar nuestros nombres. ¿Será que lleva un registro de las fotos de sus clientes e invierte tiempo cada mañana para memorizar rostros? ¿Cómo lo hace?

De cualquier forma, el hombre debe hacer una gran esfuerzo para llegar a «conocer a sus clientes».

Este es un principio básico en toda buena comunicación. En clases de oratoria y persuasión, siempre se enfatiza la importancia del «análisis de la audiencia».

Pocos ejemplos de este principio son tan categóricos como el mensaje que John F. Kennedy dirigió al pueblo alemán. Consciente de la necesidad de identificarse con la audiencia, Kennedy habló en alemán y se refirió a sí mismo como un compatriota de ellos. El resultado fue que los cautivó. Conocía a su audiencia y se identificó con ella. Sencillamente lo aceptaron.

Esta sección le presentará ante sus vecinos judíos. Usted debe saber sus nombres, los de sus hijos. Es más, debe establecer una relación saludable, exponiendo algunos de los detalles más íntimos de su vida. Siempre hay oportunidad para aprender algo nuevo, ¿cierto?

Espero que este capítulo contribuya a hacer desaparecer algunos errores comunes con respecto al pueblo judío y le ayude a tener un mejor entendimiento de la historia, la religión, la cultura y los valores de ellos.

Así que adelante. ¡Quiero presentarle a su vecino judío!

— 8 —

CONCEPCIONES ERRÓNEAS
ACERCA DE LOS JUDÍOS

— o —

No todos los judíos se crearon iguales

Los estereotipos pueden cincelarse con facilidad en la mente de uno y convertirse en algo muy dañino. Los que hay respecto a la gente negra, las mujeres, los ancianos y aun los niños ocasionan serios problemas en nuestra sociedad.

Los que se refieren a los judíos presentan un problema singular: Impidieron seriamente la difusión del evangelio entre el pueblo escogido de Dios.

En este capítulo espero disipar algunos de esos estereotipos o conceptos erróneos, en un intento por mejorar su comprensión acerca de su vecino judío. Para hacerlo más fácil, dividiremos estas ideas mal concebidas en dos secciones: personal y espiritual.

Conceptos erróneos personales

Si se le pidiera a alguien que describiera las características físicas de un judío, no sería sorprendente oír referencias acerca de una nariz prolongada, baja estatura y pelo negro rizado. ¿Dónde se originaron estos estereotipos? No lo sé. La verdad es que no todos los judíos tienen nariz larga, ni todos son de baja estatura, ni tampoco todos tienen pelo negro rizado. Los estereotipos no son siempre verdaderos.

Si se le pidiera a alguien que describiera las características de la conducta de las personas judías, las palabras «tacaño» y «escrutador» vendrían a la mente. Quizá fue el personaje Shylock de Shakespeare o el Fagin de Dickens los que dieron lugar al mito de tacaño. Es cierto que un judío, Jack Benny, exageraba deliberadamente este estereotipo. (Jack Benny no era en verdad un tacaño; en realidad fue uno de los hombres más generosos de Hollywood.)

Los judíos no son más tacaños que otras personas. En realidad, muchos son manifiestamente filántropos y dan más para obras benéficas, per cápita, que la mayoría de la gente.

El estereotipo del judío intelectual puede provenir de los muchos hebreos que contribuyen en el campo académico. Como regla general, la educación se enfatiza en los hogares hebreos, aunque lo mismo puede decirse de otros grupos. Por supuesto, no todos los judíos son altamente educados.

La fuente de los estereotipos no es muy relevante para nuestros propósitos. Lo que debemos entender es que ellos y los conceptos erróneos no le ayudarán a conocer a su vecino judío; es más, pueden ser un obstáculo a la hora de comunicarle el evangelio.

Esto, quizá, no sea una revelación para usted. Cualquiera que esté suficientemente interesado en el pueblo judío como para adquirir este libro, sin duda añadiría un sonoro «amén» a estas reflexiones. Y aunque no consienta los chistes en cuanto a ellos o revierta los habituales patrones personales, siempre permanecen entre los creyentes ciertas concepciones equivocadas respecto a ese pueblo. Estas suelen aflorar cuando vienen a discusión los asuntos espirituales.

Estereotipos espirituales

No hace mucho, mientras dirigía un seminario acerca de cómo hablar del Mesías con el pueblo judío, uno de los miembros de la iglesia me preguntó: «¿Cómo piensan que será el Mesías?» Parecía una pregunta lógica de un cristiano que deseaba entender mejor a su vecino judío. Mi respuesta sorprendió a la audiencia.

Expliqué que la mayoría de los judíos no creen en el regreso de un Mesías personal. Los asistentes no podían dar crédito a lo que escucharon. Suponían que el pueblo, al que se le prometió el Mesías, estaría esperando su aparición.

Es lamentable, pero los judíos de hoy tienen poco o ningún interés en la venida de un Mesías personal. Después del holocausto, muchos perdieron la esperanza. Es cierto que algunos todavía creen, pero los que niegan esa clase de Mesías, aun cuando conservan cierta esperanza, desarrollaron el concepto de una «era mesiánica»: La creencia de que la humanidad «evolucionará» a un estado de conciencia más elevado. Ese era el punto de vista que sustentaba cuando me involucré en la meditación trascendental.

Concepciones erróneas acerca de los judíos

La idea errada de que los judíos creen en un Mesías venidero causa verdaderos problemas entre muchos creyentes al testificar. Considerar que todo lo que se debe hacer es mencionar acertadamente algunas profecías mesiánicas, puede provocar que un cristiano se encuentre con una inesperada muralla de apatía. Lo cierto es que su vecino judío no está sentado esperando al Mesías pensando dónde va a nacer, quiénes serán sus ancestros ni cuál será el propósito de su ministerio.

Muchos cristianos se encuentran, por tanto, respondiendo cuestiones que sus vecinos judíos nunca pensaron ni mucho menos preguntaron. Requiere un poco de tiempo ganar la suficiente confianza para hablar acerca de cosas personales como, por ejemplo, de la relación con Dios. Usted no debe, así por así, abordar las profecías mesiánicas. La conclusión de este libro: «Ponga todas las cosas juntas», hablará de esto más detalladamente. Por ahora, necesita entender que aunque en la Tanáj esté absolutamente claro cómo presentar al Mesías, su amigo judío puede decir: «Bueno, de cualquier manera, no creo en el Mesías.» Es más, podría oír algo como: «Y tampoco creo que la Biblia sea la Palabra de Dios.»

Quizá siempre creyó que todos los judíos sostienen la misma teología. Nada más lejos de la realidad. Además de diversos grados de conocimiento bíblico y distintas expectativas mesiánicas, descubrirá que los judíos sustentan una amplia gama de opiniones acerca de Dios, la vida después de la muerte, Israel y muchos otros asuntos.

Los próximos capítulos le ayudarán a conocer a su vecino judío en campos como la historia, la religión y la cultura. Los mismos están creados para proporcionarle un resumen y un panorama general. Evidentemente, no toda la información se ajustará a su vecino judío. Recuerde todo lo que expresamos acerca de las malas concepciones y los estereotipos. Así que, de una vez por todas, démosle un vistazo a la historia del pueblo judío.

BREVE HISTORIA DEL PUEBLO JUDÍO

— o —

El peregrinaje de los judíos

Resumir cuatro mil años de historia en unas pocas páginas es una labor imposible. Esto es comprobable, aun si el pueblo en consideración llevara una vida sedentaria. ¡Pero los judíos!, una comunidad que oyó la voz de Dios, una nación que habita casi todo el planeta, el pueblo del que vendría el Mesías, no. Resumir esa historia no es fácil. Pero alguna historia es necesaria para ayudarles a testificar.

Empezaremos con la suposición de que usted está familiarizado con la historia bíblica hebrea debido a los años de sermones y clases dominicales que recibió. Por tanto, ubiquémonos primeramente en los tiempos posbíblicos. Estableceremos algunos hechos clave como fundamento para todo lo que sigue.

Desde Abraham hasta la cautividad babilónica: Los comienzos de la nación judía y la primera mancomunidad

El pueblo judío comenzó cuando Dios llamó a Abram a salir de Ur de los caldeos. Su determinación para responder al llamado de Dios es muestra inequívoca de su fe excepcional. Dios eligió a Abram y le cambió el nombre; lo llamó Abraham: «Padre de multitudes», prometiéndole que sus descendientes serían tan numerosos como las estrellas de los cielos y la arena del mar.

Este pueblo continuó a través de Isaac y Jacob, su hijo. La nación se multiplicó cuando los judíos vivieron en Egipto donde los convirtieron en esclavos. Dios, sin embargo, recordando su pacto planeó traerlos a la tierra que les prometió a los patriarcas. Con Moisés como libertador, el pueblo se sacó de la esclavitud a la libertad.

A Moisés por cariño se le llama Moshe Rabbenu: «Moisés nuestro Maestro», y se tiene en la más alta estima, no solo como un gran maestro de la verdad, como lo evidencia la Torá, sino como aquel que condujo al pueblo judío a la libertad. En la Pascua, la celebración anual que aun los judíos más secularizados suelen observar, se menciona a Moisés muchas veces. Referirse a él o a los patriarcas, ubicará a su vecino judío en un terreno familiar y a ambos, él y usted, en un territorio común.

Después de la muerte de Moisés, Josué condujo al pueblo hasta la tierra prometida. Entraron con la Torá, la ley o conjunto de leyes y regulaciones para vivir en la tierra que Dios les dio. El pueblo, después de oír todo lo que Dios les requería, ratificó el pacto prometiendo hacer lo que el Señor exigía.

Al entrar a la tierra prometida, Israel tenía que conquistar a las muchas naciones que vivían ahí. Josué condujo la conquista y después de su muerte, Israel la gobernaron los jueces. Mientras tanto, el pueblo hallaba enorme oposición a su derecho de vivir en esa tierra.

Pronto, la tentación de mezclarse con las naciones que la rodeaban y adoptar algunas de sus prácticas, ocasionó a los judíos otros problemas. Un ejemplo de esto, es la manera en que Israel sería gobernada. Aunque estaba claro que Dios quería permanecer como el único rey de Israel, el pueblo hebreo, rodeado de monarquías terrenales, demandó que Él les proveyera un rey humano.

El primer rey, Saúl, fue un desastre para el pueblo judío. Dios les advirtió que eso pasaría. En su gracia, como remplazo de Saúl, el Señor proveyó un honrado, aunque no perfecto, rey para su pueblo: David.

A través de él, Dios reveló muchas verdades a su pueblo, algunas concernientes al futuro descendiente de David, Yeshúa. Fue David a quien Dios usó para escribir muchos salmos que señalan al Mesías, entre ellos el Salmo 2, el 22 y el 110. Estos salmos pueden emplearse como profecías mesiánicas, pero debido a que David se conoce como poeta y no como profeta, pueden cuestionarse.

Después de los reinados de David y su hijo Salomón, viene el período de los reyes. La nación judía se dividió en el reino del norte, conocido como Israel, y el reino del sur, llamado Judá. Ambos transitaron caminos paganos a pesar de los mensajes proféticos que Dios les mandaba. Aunque el objetivo principal de los profetas era redirigir al pueblo de Israel a los propósitos y planes de Dios, también anunciaban predicciones divinas, mensajes proféticos concernientes al Mesías venidero.

En el año 721 a.C., el reino del norte se llevó cautivo por los asirios como castigo por andar en caminos de impiedad. En el año 586 a.C. el reino del sur también fue llevado cautivo, en esta ocasión por los babilonios. Ya no estaban en la tierra prometida. Fue en este período de cautividad que Dios levantó profetas para darle al pueblo esperanza y guía. Daniel, aquel a través de quien Dios reveló el tiempo del Mesías venidero, profetizó durante este período.

De la cautividad babilónica a la gran dispersión: La segunda mancomunidad

Los *soferim* o escribas, ocuparon altas posiciones gubernamentales durante el período monárquico. Más tarde, sin reyes a quienes asistir, estuvieron libres para ahondar más profundamente en el estudio de la ley de Moisés y los escritos del pueblo judío. A Esdras lo describían como «escriba de la Ley del Dios del cielo», equivalente a nuestro ministro de educación. El oficio de escriba reemplazó al de profeta en la religión. La influencia de aquellos aumentó durante el período postexílico hasta el primer siglo de la esta era.

La autoridad del rabino también comenzó a desarrollarse después del exilio babilónico. Aun después de que Esdras dirigiera la construcción del segundo templo, entre los años 517-516 a.C. (el templo de Salomón había sido destruido 70 años antes), cuando a los judíos se les permitió regresar a Israel y reanudar la adoración en el templo, muchos decidieron permanecer en el exilio. Algunos se dedicaron al estudio de la Torá, y para el primer siglo a.C. el oficio rabínico llegó a estar bien establecido. Los rabinos no solo eran maestros, sino autoridades espirituales para sus propios discípulos.

Durante estos períodos, el exílico y postexílico, las tradiciones orales de los rabinos comenzaron a ganar influencia en la vida del judío común. Aunque no se compilaron oficialmente, sino hasta después de varios siglos (en una codificación llamada el Talmud o ley oral), se reconocían como autorizadas para guiar la conducta de los judíos mucho antes de los días de Yeshúa.

Recordar que la ley oral hace mucho que está vigente, es esencial para entender el *B'rit Hadashá* al hablar de Yeshúa con su vecino judío. Muchas de las preguntas que hizo Yeshúa tienen que ver con esta tradición oral.

Con el advenimiento de los griegos al poder, bajo Alejandro el Grande, y más tarde con los sirios, los judíos estuvieron dominados por otros gobernantes gentiles. En el año 171 a.C. Antíoco IV, líder de los «sirogriegos», comenzó una agresión directa al estilo de vida judío. Prohibió la circuncisión y el estudio de la Torá, y requirió obediencia y sumisión a él atribuyéndose el nombre de *Epífanes*, que quiere decir «Dios manifestado». Muchos judíos rehusaron inclinarse ante él. Cuando sacrificó un cerdo sobre el altar del segundo templo, y lo dedicó al dios Júpiter, un grupo de judíos se airó en gran manera.

Una rebelión judía comenzó en Israel cuando Matatías, un sacerdote piadoso, mató a algunos compatriotas por someterse a las órdenes impías de Antíoco. Después de tres años de lucha dirigida por el hijo de Matatías, Judas, la pequeña banda de macabeos (martillos) llevó a los judíos a la victoria. Ellos purgaron y rededicaron el templo que Antíoco profanó.

Esta es la historia que se celebra hoy como *Hánuka*, del hebreo «dedicación». Esta batalla no solo se recuerda en los libros apócrifos, los escritos no canónicos de los judíos del período del segundo templo, sino también en el capítulo ocho del profeta Daniel que describe vívidamente los acontecimientos que condujeron a la rebelión de los macabeos. Sabemos que Yeshúa observó el aniversario de esta victoria militar, porque Juan 10:22 habla de su recorrido por el templo en la «Fiesta de la dedicación».

Después de la purificación y la rededicación del segundo templo, dos grupos político-religiosos se desarrollaron en Israel. Uno, el partido de los escribas, conocido como los fariseos, era pietista y separatista. Ellos empezaron a perder el control del pueblo, mientras sus opositores, los saduceos, se hacían más poderosos. Estos eran más helenistas, es decir, influidos por el pensamiento griego.

La vida en Israel vino a ser una verdadera mezcla de ideas; lo político, lo sobrenatural y el estudio de la Torá y los profetas, se combinó con las tradiciones de los rabinos. Y encima de todo este revoltijo estaba el creciente control de Roma.

Durante el primer siglo de esta era, el gobierno romano dominaba la historia judía. En la época de Yeshúa, los judíos esperaban un mesías militar, un héroe como Judas Macabeo. Fue este anhelo lo que causó que muchos no lograran descubrir que Yeshúa era el Mesías. Él no cumplió las expectativas del pueblo en cuanto a un líder militar. Es más, nada en la tradición judía enseñaba que el Mesías tenía que morir y resucitar. Por eso Yeshúa tuvo que enseñarles esto a sus discípulos.

El número de sinagogas en Israel tuvo un gran incremento durante el primer siglo. Eran un lugar dedicado más para reunirse socialmente y estudiar que para celebrar ceremonias y la adoración. El templo aún era el punto central de la adoración judía. Pero con su completa destrucción en el año 70 de esta era, se produjeron grandes cambios.

La sinagoga se convirtió entonces en lugar de adoración. Aquellos judíos que decidieron seguir a Yeshúa, y entendieron que era el cumplimiento del sistema sacrificial de Israel, no hallaron cabida en la nueva religión rabínica. Los rabinos intentaron enseñar diferentes alternativas a la expiación y hallar explicaciones por la pérdida del templo. Los judíos creyentes no pudieron someterse a sus enseñanzas.

Además, como señalamos, Yeshúa les advirtió a sus discípulos que se alejaran de la destrucción que vendría sobre el templo y Jerusalén (Mateo 24). Debido a esas enseñanzas los creyentes se sustrajeron del principal acontecimiento en la historia judía. La división entre judíos creyentes en Yeshúa y el resto de la gran comunidad judía se ensanchó más.

En el año 132 de esta era, la brecha creció aun más cuando el rabino líder, Rabí Akivá, proclamó a Barkokebas, un líder militar, como el Mesías. Creyendo que era el héroe militar que anhelaban, las autoridades judías esperaron que Barkokebas dirigiera a los judíos en su rebelión contra el gobierno romano. Después de tres años de lucha, este falso mesías condujo a la muerte a quinientos ochenta mil judíos, incluyéndose a él mismo y al Rabí Akivá.

En el año 135, los romanos expulsaron a los judíos de su tierra, dispersándolos a través del imperio hasta España, África, Asia Menor, Europa y otros lugares. Esta diáspora terminó en el siglo XX. Recuerde que algunos judíos permanecieron en la tierra de Israel, sobre todo en Galilea, pero fueron desde entonces una minoría. Además, aún había judíos viviendo en Babilonia (hoy Iraq) desde el tiempo de la cautividad.

Según Salomón Graysel, en el libro History of the Jews [Historia de los judíos]:[1]

---

[1] Salomón Graysel, History of the Jews, The Jewish Publication Society,

Se estima razonablemente que había unos ocho millones de judíos en el mundo antes del conflicto con Roma. Probablemente un millón viviera en Babilonia, fuera del Imperio Romano, por lo que se calcula que en el primer siglo representaran diez por ciento de la población total del imperio.

La salida de los judíos creyentes al tiempo de la destrucción del templo, combinada con su renuencia a someterse a la autoridad rabínica (en particular al abandonar el ejército regular judío bajo Barkokebas), causó una permanente y total separación entre ellos y el resto de la comunidad hebrea.

Tenemos registros de judíos cristianos al frente de congregaciones hasta el Concilio de Nicea, en el año 325 de esta era. Después de ese tiempo y de la promulgación de las leyes del código Teodosiano, vemos desaparecer a los judíos cristianos. Desde entonces, los creyentes en Yeshúa son, por lo regular, asimilados en las congregaciones en su mayoría gentiles.

Esta información puede ayudarle a entender por qué parece que la mayoría de los judíos no creyeron en Yeshúa a través de la historia. El hecho es que, en muchos casos, fue así; pero es distinto el caso de aquellos judíos creyentes que por no permanecer como parte de su comunidad, nadie supo de ellos. Nada sino hasta el reciente avivamiento entre el pueblo judío y con él, la aparición del movimiento congregacional mesiánico, en que la comunidad judía se percató de que muchos de ellos creen en Jesús.

Desde la gran dispersión hasta el día de hoy

Ya que el objetivo de este libro es orientar en cuanto a cómo dar a conocer al Mesías al pueblo judío, y no una historia moderna de esa nación, elegí los acontecimientos que afectarán de una forma más directa su testimonio. Los cinco principales son:

1. El desarrollo del Talmud y la religión judía

Filadelfia, 1970.

2. El antisemitismo de la Iglesia Católica
3. La inmigración de judíos a los Estados Unidos
4. La persecución de la Alemania Nazi
5. El renacimiento de la nación judía.

En el siguiente capítulo discutiremos el Talmud a la luz de su impacto en la religión judía. En los anteriores hablamos acerca del antisemitismo de algunos Padres de la Iglesia y de la Iglesia Católica Romana. Nos queda considerar aquí la inmigración judía a América, el Holocausto iniciado por la Alemania Nazi y el renacimiento de Israel.

La vida de los judíos en Europa en el segundo milenio fue terrible. Los acusaban, como ya dije, de la peste negra. Los culpaban de muchos problemas sociales, financieros y religiosos. Y comenzaron a forzarlos a vivir en guetos, barrios a los cuales eran confinados.

La persecución religiosa persistió, pero cuando hubo la oportunidad de ir a América, donde la libertad parecía posible, muchos judíos empacaron todo lo que tenían, abordaron los barcos y se dirigieron al Nuevo Mundo.

A pesar de que están en los Estados Unidos desde 1621, el primer asentamiento judío no fue oficialmente establecido sino hasta 1654. Como se puede imaginar, este fue en Nueva Amsterdam, conocida más tarde como Nueva York.

No mucho después, los judíos empezaron a llegar de otros países europeos, incluidos Holanda, Inglaterra, Alemania y España. Tuvieron que luchar por sus derechos en esta nueva tierra, y lo hicieron. Pelearon en la «Revolución Americana», ganaron el derecho de tener propiedades y se les garantizó su ciudadanía americana al igual que su contraparte gentil.

Por 1825, los Estados Unidos eran el hogar de seis mil judíos. En el tiempo de la Guerra Civil, mayormente como resultado de la inmigración, ciento cincuenta mil vivían en esa tierra. Así como ocurrió con otros estadounidenses, algunos judíos pelearon por el norte y otros por el sur. Ya en 1871, doscientos cincuenta mil judíos, la mayoría de ascendencia alemana vivían allí.

Durante el período de 1881 a 1914, una segunda ola de inmigrantes judíos llegó a las costas americanas. Dos millones de judíos en Europa central y oriental fueron obligados a dejar sus hogares debido a los

prejuicios y las masacres organizadas contra ellos. La mayoría eran ortodoxos que hablaban yiddish. Durante la Primera Guerra Mundial, más
de doscientos cincuenta mil judíos pelearon en las fuerzas armadas de
Estados Unidos.

Con esa creciente población, se organizaron grupos tales como la
Organización Sionista de América, el Comité Judío Americano, el Congreso Judío Americano y la Liga contra la difamación B'nai B'rith, para
velar por las necesidades de estos nuevos estadounidenses. La Gran Depresión trajo una tensión adicional a esta empobrecida inmigración.

Quizá el factor más importante que aceleró el escape de los judíos
hacia Estados Unidos fue el surgimiento del virulento estigma antisemita de Hitler en Europa. Buscando seguridad, miles de ellos emigraron
antes de los oscuros días de destrucción que comenzaran en 1933, cuando Hitler se convirtió en dictador de Alemania.

El Führer comenzó a boicotear los negocios de propiedad judía, con-
fiscando las posesiones de muchos de ellos, y abogando por una doctrina de superioridad racial. Sus medidas políticas fueron permitidas por
las leyes de Nuremberg y promulgadas por una poderosa maquinaria
propagandística, en particular a través de la amplia distribución del periódico Der Sturmer.

Hitler razonó correctamente al deducir que siglos de propaganda antisemita afectarían lo suficiente y contagiarían la mente occidental, así
que no muchos de los que escucharon los horrores defenderían a los judíos, sin importar las acciones de los nazi. Un folletito: «Los protocolos
de los sabios de Sion», que fue impreso primero en la Rusia zarista, y que
Hitler tradujo al alemán, detallaba un complot judío para controlar al
mundo. Más tarde se pudo comprobar que era un documento inventa-
do, pero en ese momento ya tenía una amplia circulación y ayudaba a la
causa de Hitler. Henry Ford fue un estadounidense muy influyente que
apoyó la divulgación de esta propaganda venenosa hasta que más tarde
reconoció que fue engañado.

Las noches del 9 y 10 de noviembre de 1938, trajeron consigo el horror de la Kristallnacht, «la noche de los cristales rotos». Las hordas de
Hitler se desataron; destruyeron sinagogas, devastaron tiendas y hogares
judíos y arrestaron a miles. El mundo permaneció en silencio.

Desde 1939 hasta el fin de los horrores de Hitler, seis millones de judíos, y un número igual de personas que no lo eran, perdieron la vida

bajo el dominio nazi. Desde 1933 hasta 1942, ciento setenta y cinco mil judíos procedentes de Alemania, Austria y otros países dominados por los nazi, escaparon hacia los Estados Unidos. Muchos llegaron después de finalizada la Segunda Guerra Mundial.

Para 1957, la población judía estadounidense alcanzó los cinco millones doscientos mil. Hoy son cerca de seis millones, la mitad de ellos viven en el área del gran Nueva York. Medio millón reside en Los Ángeles, un tercio de millón en Filadelfia, y varios cientos de miles en ciudades como Boston, Chicago y el área de Baltimore y Washington.

Alrededor de tres millones, la mitad de la población judía americana, viven en Israel y otros tres millones permanecen en Rusia. Cuatro millones más de judíos viven diseminados por todas partes del mundo. Esta dispersión puede verse como el cumplimiento de lo que dijo Moisés: «El Señor te dispersará entre todas las naciones, de uno al otro extremo de la tierra» (Deuteronomio 28:64).

Es incuestionable que, el acontecimiento más relevante en la historia judía posbíblica es el renacimiento del Estado de Israel. Cada año, durante estos dos mil, el pueblo judío concluye la comida pascual diciendo: «El año próximo en Jerusalén». Esta plegaria, iniciada el 135 de esta era, es el ruego a Dios por permitirles celebrar la Pascua en Jerusalén. En 1948, aquel sueño tan esperado se hizo realidad.

Aun cuando vivieron y dejaron Israel desde la Dispersión, no fue sino hasta fines de 1800 que la noción de un renovado estado judío comenzó a recibir apoyo. Respaldados por fondos proporcionados por el Barón Edmond de Rothschild, los judíos empezaron a establecer comunidades agrícolas en Israel. En 1897, en el Primer Congreso Sionista, convocado por Teodoro Hertzel, la Organización Sionista Mundial se fundó para establecer un hogar para el pueblo judío en la tierra conocida hoy como Israel. Hertzel fue su primer presidente.

Pese a la airada controversia dentro y fuera de la comunidad judía mundial, Hertzel mantuvo su visión y obtuvo el apoyo de otros líderes para su causa. Chaim Weizmann, el cuarto presidente de la Organización Sionista Mundial, tuvo la habilidad de persuadir a Inglaterra para que emitiera la Declaración de Balfour en 1917, en la que se aprobaba la idea de una patria judía en «Palestina».

Hasta 1948 Israel no tuvo el total reconocimiento como estado soberano. Gran Bretaña, al recibir una gran presión inmediatamente después de la Segunda Guerra Mundial, optó por llevar el caso de un estado judío a las Naciones Unidas. Estas recomendaron dividir el territorio en dos estados, uno israelí y otro árabe. El 14 de mayo de 1948, Israel se convirtió en nación por primera vez en la historia moderna.

Aunque tuvo que defenderse en numerosas guerras desde esa fecha, parece que en el tiempo de Dios, el día de Israel para existir como nación llegó. Es un milagro de la era moderna que un país tan pequeño, rodeado por todos los flancos de enemigos, pueda sobrevivir. Los que creemos en Yeshúa vemos que es la mano de Dios protegiendo a su pueblo.

Este escueto reporte de cuatro mil años de historia judía lo diseñé para proporcionarle cierta información que mejore su entendimiento acerca de su vecino judío. Los siguientes capítulos darán más cuerpo a nuestro conciso reporte ofreciendo un vistazo interior a la religión y cultura de este pueblo, las cuales están atadas a la historia que reseñé. Usted verá cómo los detalles del cuadro completo cobran vida a medida que avanzamos.

LA RELIGIÓN DEL PUEBLO JUDÍO

— o —

Las tres T: Torá, Templo y Talmud

E n el estudio de las civilizaciones suele ser muy difícil separar la historia de la religión. Pero, en lo que al pueblo judío se refiere, eso es imposible.

¿Por qué? Porque ellos fueron creados con la religión en la mente. Cuando Dios formó a su pueblo, su intención fue que enseñaran al mundo acerca de él. Desde el comienzo, su historia y su religión estuvieron entretejidas, como la hiedra que se adhiere a las ramas del árbol.

El capítulo anterior examina brevemente la historia del pueblo judío, desde el pacto de Dios con Abraham, hasta el establecimiento del moderno Estado de Israel. A través de todo este recorrido hay referencias a la religión. Este capítulo enfatizará la religión judía desde los tiempos bíblicos y su desarrollo en los dos últimos milenios, hasta hoy y la manera en que se practica.

Desde Abraham hasta la gran dispersión

Desde el tiempo de Abraham hasta el momento en que el Señor dio la ley a través de Moisés, la religión de Israel fue bastante primitiva. Altares de piedra se erigían para conmemorar las obras portentosas del Señor. Abram construyó y le dedicó un altar cuando recibió la promesa de una tierra que sería para sus descendientes (Génesis 12:7). Esta práctica aunque parece rudimentaria, constituyó un gran paso frente al politeísmo imperante en esa época.

Con la revelación de la Torá en el Monte Sinaí, la religión de Israel se orientó hacia las relaciones sociales y la adoración a Dios. El sistema de sacrificios se desarrolló aún más. A través del tabernáculo, y posteriormente el templo, Dios reveló a su pueblo una imagen que representaba las cortes celestiales.

Cuando el templo de Salomón fue destruido y los judíos llevados a cautiverio (586 a.C.), su religión cambio de forma drástica. Como lo indica este segmento de la historia cuando la revisamos, el centro de la vida religiosa cambió. Los escribas y sus enseñanzas dominaron de forma drámatica cerca de un siglo hasta la construcción del segundo templo, cuando enfatizaron de nuevo el antiguo sistema sacrificial prescrito por Dios a través de Moisés. Sin embargo, cuando el nuevo templo se terminó, el sacerdocio adoptó un carácter más político que el usual ejercicio del oficio religioso.

Entre estos cambios, los rabinos ganaron mayor autoridad. Varias escuelas de filosofía religiosa se desarrollaron y el pueblo judío se encontró a sí mismo dividido, pues como individuos se aliaban a diferentes escuelas. En el tiempo de Yeshúa ya existían varias sectas religiosas: fariseos, saduceos y esenios; y grupos políticos como los zelotes. Estos son solo algunos de los grupos en que se dividieron los judíos.

El nuevo pacto habla mucho acerca de los fariseos y los saduceos, ambos en continua lucha por tener mayor influencia. Los fariseos eran más flexibles en lo que concierne a la interpretación de la Palabra de Dios, mientras que los saduceos eran más literales en su interpretación y más rígidos en sus reglamentos. Los fariseos creían en la realidad de lo sobrenatural, mientras que los saduceos la negaban. Un ejemplo de sus puntos de vista divergentes se observa en Mateo 22:23-33, acerca del asunto de la resurrección. Los fariseos creían en la resurrección, pero los saduceos no.

El otro grupo sectario, los esenios, tenían mucho en común con los primeros creyentes en el Mesías, particularmente en aquello de compartir sus posesiones terrenales. Este grupo separatista tenía inclinaciones muy espirituales, esperaban un libertador, pero la mayoría no siguió a Yeshúa. Muchos eruditos creen que los esenios eran los responsables de conservar lo que ahora se conoce como los rollos del Mar Muerto. Algunos sugieren que Juan (*Yochanan*, en hebreo) el Bautista era esenio.

Además de estas sectas religiosas, también había un grupo conocido como los zelotes. Ellos no eran en realidad religiosos, excepto en su dedicación a derrocar el yugo romano sobre Israel.

El judaísmo en el primer siglo, y aun un poco antes, no tenía una teología definida. Pese a que muchas creencias eran comunes, también había muchos puntos de vista diferentes.

Una opinión común a muchos, era que Yeshúa no era el Mesías. A aquellos que creyeron en él se les consideró una secta separada, algunas veces llamados «nazarenos», otras «el camino» y aun otras «cristianos» (aunque en este término griego se incluye la palabra Cristo en lugar de Mesías, más parece indicar que este nombre se reservaba para los seguidores gentiles en Yeshúa).

De la gran dispersión a los tiempos modernos

En el capítulo anterior, mencioné el Talmud. Más que otra cosa, esta colección de escritos influyó en la religión del pueblo judío. En muchas maneras, el Talmud *era* su religión. Conocida como la «Ley oral» o la «Tradición de los ancianos», muchos judíos piensan que el origen del Talmud se remonta al Monte Sinaí junto con la ley escrita, la Torá. Como resultado, el Talmud ejerce extraordinaria influencia en materia de religión.

Las tradiciones y comentarios que más tarde formaron el Talmud llevan sus raíces hasta muy atrás en la primitiva historia judía. La tradición enseña que fue Moisés quien recibió primero estas leyes orales, después pasaron a Josué, que a su vez las dio a los ancianos (los jueces). El próximo eslabón fueron los profetas y el siguiente lo constituyó la «Gran asamblea», ciento veinte líderes que regresaron del exilio bajo el liderazgo de Esdras. Esto es según *Avot*, un tratado del Talmud, capítulo 1. Finalmente las leyes llegaron a manos de los rabinos.

Rabí Akivá fue el responsable de organizar mucho de este material oral poco antes del tiempo del nuevo pacto. Los escritos, sin embargo, se acreditan a otro, a Rabi Judá ha-Nasi. Su trabajo, conocido como la *Mishná*, fue el fundamento de lo que más tarde se conoció como el Talmud. La Mishná no es un comentario de la Biblia; es un material organizado en seis secciones, llamadas órdenes, las cuales tratan varios asuntos que aparecen en la Biblia y en la vida judía. Los maestros de la Mishná, llamados tanna'im, completaron su trabajo alrededor del siglo segundo.

El resto del Talmud, conocido como la *Guemará*, no fue terminado sino hasta el siglo quinto de nuestra era. Y contiene discusiones concernientes a la Mishná, conducidas por los amoraim, otros eruditos judíos.

147

Este sistema completo es predicado bajo la premisa de que Dios le reveló la ley oral a Moisés, al igual que la escrita. Pese a que es raro hallar alguien hoy que tenga este concepto tan elevado del Talmud, el impacto de las tradiciones y enseñanzas de los tannaim y de los amoraim no debe subestimarse.

Estos maestros se esforzaron por construir una cerca alrededor de la Torá para tratar de impedir que el pueblo violara las leyes de Moisés. Con eso, esperaban que su gente ni siquiera se acercara lo suficiente a las leyes para quebrantarlas. El sistema legal vino a ser tan denso y pesado que a los rabinos se les llamaba sin cesar a decidir sobre asuntos legales. Por eso es que a veces les decían «abogados» en el Nuevo Testamento.

En teoría, los rabinos tuvieron una buena idea. Tristemente, la gente terminó enredándose tanto en la multitud de reglas y regulaciones religiosas que algunos de los significados esenciales en la Torá se perdieron. La tradición prevaleció sobre la verdad.

Yeshúa habló con frecuencia de este problema. En el Sermón del Monte, su frase: «Habéis oído decir», implica la instrucción a sus discípulos de exceder la justicia de los escribas y fariseos. Estableciendo categóricamente que él no había venido para abolir la ley ni los profetas, sino a cumplirlas, Yeshúa lanza una exhortación respecto a la esencia de la ley. Uno no puede evitar pensar que la preocupación de Yeshúa era confrontar las enseñanzas de la tradición oral y hacer volver a sus discípulos a los significados más profundos de la Torá.

Pero la influencia del Talmud fue aún mayor. Se desarrollaron dos talmudes, uno en Palestina y otro en Babilonia. A través de los últimos dos mil años, el estudio del Talmud se considera una de las prácticas más nobles y dignas a la que un joven judío puede consagrarse. Su estudio cautiva a los más prominentes pensadores del pueblo judío.

Mucho puede aprenderse acerca de la Biblia estudiando los escritos del Talmud. Mucho puede aprenderse de la historia judía leyendo la abundancia de debates y discusiones registradas ahí. Desdichadamente, aunque cierto material hallado en el Talmud señala al Mesías, gran cantidad de los escritos lo oculta de los ojos judíos. El punto de vista de Yeshúa, en cuanto a que la autoridad de la ley oral no es inspirada como la ley escrita, tenía que ver con su decisión de delegar autoridad espiritual a sus discípulos en lugar de la tradición rabínica; esto creó un conflicto que perdura hasta hoy.

Los tiempos modernos

Los primeros colonos judíos en Estados Unidos establecieron sinagogas para adorar. La primera fue fundada en Newport, Rhode Island en 1658. Más tarde, se fundaron otras en Savannah, Philadelphia, Charleston y a lo largo de las trece colonias. Eran sinagogas ortodoxas, ya que en ese tiempo no existía ninguna otra secta del judaísmo.

Cuando los judíos alemanes llegaron a Estados Unidos, a mediados de 1800, trajeron con ellos la influencia que condujo al judaísmo reformado. Este substrajo algo de su ideología de la alta crítica de la comunidad intelectual alemana, la misma que dio nacimiento al movimiento teológico liberal dentro del cristianismo. En 1875, el movimiento reformado estableció el primer seminario rabínico americano, «Hebrew Union College», en Cincinnati, Ohio, para desarrollar y promover el judaísmo liberal.

En 1886, se fundó el Seminario Teológico Judío de América en Filadelfia. De sus enseñanzas brotó otro movimiento conocido como judaísmo conservador. Este surgió para moderar al movimiento reformado; además, es teológicamente más conservador, más moderado; una posición central entre el judaísmo ortodoxo y el reformado.

A la cuarta rama, se le conoce como judaísmo reconstruccionista. Establecido por Mardoqueo Kaplan en 1934, enseña que más que religión, el judaísmo es una civilización religiosa.

Aunque numéricamente inferior a las otras ramas, el reconstruccionismo tiene un fuerte apoyo en los círculos intelectuales judíos y es un movimiento que va en aumento.

Los ortodoxos se inclinan a mantener las leyes y tradiciones del judaísmo con gran celo. Expresan una expectativa por el Mesías venidero, creen en la vida después de la muerte y consideran la Torá y el Talmud como la Palabra de Dios.

Los judíos reformados tienden a liberalizar leyes y tradiciones, prefiriendo y eligiendo lo que desean creer y observar en la actualidad. No enseñan acerca del Mesías venidero, sino que optan por el concepto de la era mesiánica, un plano más elevado y un período de paz, hacia el cual nos dirigimos todos.

Los conservadores siguen las enseñanzas de los rabinos, aun cuando permiten ciertas modificaciones para hacer que la tradición se adapte a la sociedad en la que se practica. Por ejemplo, aunque los ortodoxos no permiten que hombres y mujeres se sienten juntos en la sinagoga, los conservadores sí. Esta posición moderada también rige sus puntos de vista concernientes al Mesías y a la vida después de la muerte.

Los reconstruccionistas, al igual que los conservadores, buscan adaptar el judaísmo al mundo en que debe operar. Sin embargo, con este fin, los judíos reconstruccionistas, al contrario de los conservadores, incorporan el pensamiento secular moderno en los servicios de sus sinagogas. Les atraen los conceptos tales como cultura ética, enriquecimiento ritual y creatividad artística.

Le ayudará a testificar saber un poco acerca de las diferentes sectas del judaísmo, aunque debe considerar que su vecino judío no necesariamente suscribe todas las que promueve la sinagoga a la que pertenece. Como ocurre con muchos cristianos en las iglesias, los judíos frecuentemente se adhieren a sinagogas, no tanto por su teología, sino porque es la más próxima a su hogar y por la personalidad del rabino. Cuando conozca más de cerca a su vecino judío, en algún momento querrá preguntarle qué es lo que él o ella creen personalmente.

Al final de este libro hallará un glosario con una lista de términos relevantes a la observancia religiosa de los judíos. Encontrará que independientemente de la rama a la que pertenezca su vecino judío, para él o ella, la mayoría de los términos son importantes de una manera u otra.

Tome, por ejemplo, el término *kosher*, que significa «aceptable» (a Dios). Obviamente el cerdo y los crustáceos no son kosher ni *treyfe*. En general, solo los judíos ortodoxos y algunos conservadores, «se mantienen kosher». Aunque algunos podrían tener sus propias interpretaciones.

Un judío ortodoxo ni siquiera iría a un restaurante donde sirvan *treyfe*. No obstante, un judío conservador quizás no coma camarones agridulces en su casa, pero puede que lo haga en un restaurante chino.

El punto es que todos los judíos tienen alguna manera de tratar el asunto del kosher y casi cada aspecto de la vida judía. Su vecino judío, seguramente tiene su propia idea al respecto. Si son amigos, usted podría preguntarle acerca de estos asuntos. Es posible señalar varias de las incongruencias de ciertas prácticas al compararlas con las enseñanzas bíblicas.

De la misma manera en que se entreteje la historia de los judíos con su teología, lo está con la rica y fascinante cultura del pueblo, como lo veremos a continuación.

CULTURA JUDÍA

— o —

Celebremos al estilo judío

Ninguna nación, excepto la judía, se formó con el propósito expreso de ser un testimonio continuo de la presencia de Dios. Ningún otro pueblo fue reunido para enseñar las verdades del Altísimo. A ningún otro creó para recibir sus palabras inscritas en tablas de piedra. Debido a esta singularidad, la historia, religión y cultura del pueblo hebreo, siempre estuvieron y estarán entretejidas.

Pese a este propósito tan singular, no obstante, Dios permitió mucha diversidad entre ellos. Como alguien dijo: «Si reúne a cuatro judíos para discutir algún asunto, ¡invariablemente terminará con cinco opiniones distintas!»

Para comenzar, los judíos trazan sus orígenes culturales desde dos grandes grupos, los *askenacitas* y los *sefardíes*. Los *askenacitas* provienen de las naciones de Europa oriental y tienden a ser de piel clara. Los *sefardíes*, son de las naciones del Mediterráneo y de piel más oscura. El pelo negro y rizado, y los ojos oscuros y penetrantes de un israelí, son el retrato de un judío sefardí.

Cada uno de los dos grupos mayores, askenacitas y sefardíes, tienen sus propias tradiciones y costumbres. Para entender mejor a su vecino judío, pregúntele acerca de sus antecedentes culturales.

Una gran diversidad adicional se ve en la política. Por tradición, los judíos en Estados Unidos tienden a una filosofía social liberal y, por consiguiente, se afilian al partido demócrata. A través de los años, este partido parece más sensible a las necesidades de los inmigrantes y más interesado en brindar ayuda a los oprimidos. Aunque su tendencia es izquierdista, una vez que los judíos se establecen, comienzan lentamente a inclinarse a los puntos de vista más conservadores.

Con respecto a Israel, hallará también una gran variedad de opiniones. Algunos judíos estadounidenses, critican los modales de los israelíes. Otros mantienen firmes su posición: «Israel, con razón o sin ella». Pero si en algo la vasta mayoría de judíos está totalmente de acuerdo, es en la necesidad de mantener fuerte a Israel. El hecho es que hace solo una generación que Hitler condujo a una nación civilizada a exterminar seis millones de judíos. Ese vívido recuerdo mantiene al pueblo judío perfectamente consciente de lo importante que es su tierra, algo por lo cual deben estar dispuestos a luchar hasta lo último si es necesario.

Quizá usted no esté de acuerdo con la política de Israel, o con la manera en que se hacen las cosas allí; pero, como creyente bíblico, debe hablarle a su vecino judío acerca de Israel en una manera no crítica sino apoyándola. Así como la gente se eriza cuando oye hablar mal de sus madres, a los judíos no les gusta oír hablar mal a los gentiles acerca de su tierra materna. El pueblo judío puede variar en cuanto a antecedentes étnicos o puntos de vista políticos, pero cuando se trata de la supervivencia de Israel, encontrará a los judíos fuertemente unidos.

A riesgo de parecer redundante, hay algo que casi todos tienen en común: la *persecución*. A partir de Abraham, tuvieron que luchar para sobrevivir. La historia moderna cree que se forzó a los judíos a vivir en guetos separados específicamente para ellos. En Europa oriental a esos pueblecitos se les llamó *shtetls*. Los judíos aprendieron que solo tenían seguridad dentro de los límites de los *shtetls*. Fuera del pueblo reinaba el peligro. Era fácil dividir el mundo en dos categorías: «nosotros» y «ellos».

Esta mentalidad «nosotros y ellos», puede hacer que los judíos desconfíen de los «de afuera». Lo cierto es que, en el alma de muchos judíos, aún hay recelo hacia la gente de afuera. Esto hace que su testificar se dificulte más. Es casi seguro que lo percibirán como uno de «ellos», un extraño. Recuerde nuestro capítulo acerca de la credibilidad: la identificación es la llave. Le ayudará en su testimonio si puede aprender y apreciar la cultura de su vecino judío.

Apreciar la comida, el humor, la música y otros aspectos de su cultura no debe ser una tarea difícil. Debería disfrutar y apreciar algunas de las cosas que nos hacen a los judíos, ¡nosotros! Una cosa es cierta, a la gente judía nos encanta celebrar.

Bar y Bat Mitzváh

Cuando un joven que va a la iglesia es confirmado, el acontecimiento casi siempre se celebra con galletas, pasteles, café y cócteles en el salón social de la congregación a continuación del servicio. Contrasta esto con la «confirmación» judía conocida como *Bar* o *Bat Mitzváh*, que significa «Hijo» o «Hija de los mandamientos».

El típico Bar o Bat Mitzváh se realiza en un servicio de la sinagoga en la mañana del Sabbath (sábado) más cercano al decimotercer cumpleaños, aunque las chicas pueden hacerlo en cualquier momento de sus doce años. (Supongo que los rabinos consideran que ellas maduran más temprano que los varones.) Se trata al niño, en realidad, como adulto y se le pide que participe en el servicio regular.

Esto es parte del rito legal de la etapa de transición de un muchacho de trece años (o una chica de doce). Parado ante la sinagoga, a él o a ella, se le pide desempeñar el papel de adulto en el servicio: leer el Tanáj; cantar las bendiciones; dar un pequeño *drush* o sermón breve.

El servicio es generalmente más prolongado que el culto promedio de su iglesia, pero creo que lo hallará fascinante. Recuerde, Yeshúa fue a la sinagoga; no había iglesias en su tiempo.

Después de la ceremonia hay un elaborado *kiddush*, un derroche de comida provisto por los padres, y que usted no querrá perderse. Si lo invitaron, definitivamente vaya. No solo mostrará su apoyo a la cultura y «judaísmo» de su amigo, sino que disfrutará una magnífica celebración.

En años recientes, el Bar y el Bat Mitzváh ha llegado a ser más que ritos de transición. Se convirtieron en celebraciones de gala. La historia judía, atestada de catástrofes y conflictos, hace que su gente busque con ansias estas ocasiones para festejar.

Hoy la fiesta del Bar o Bat Mitzváh es un acontecimiento social de primera clase, al que se invitan los familiares lejanos y cercanos. El festejo se inicia en la tarde, comiendo, bebiendo, danzando; una juerga que no se detiene hasta tempranas horas de la madrugada.

Casi siempre esta celebración cuesta bastante dinero, por lo que solo se invitan a los del círculo íntimo. Si lo invitan a un Bar o Bat Mitzváh, considérelo un gran honor y haga hasta lo imposible por asistir. Puede que no tome bebidas alcohólicas o no le guste danzar, seguramente estarán presentes ambas cosas en esta parranda, pero no es su deseo ofender a su vecino judío.

Deberá llevar un bonito obsequio. A menudo los invitados regalan un cheque al joven o a la señorita objeto del Bar o Bat Mitzváh. Ya que dieciocho es el número que representa «vida» en hebreo, un cheque de dieciocho dólares debería ser lo mínimo. Esta es una manera de desear larga vida a una persona joven.

El Bar o Bat Mitzváh es solo un ejemplo de cómo la cultura judía difiere de la «cristiana», y en qué manera la historia y la religión judía lo han impactado. Probablemente apreciará mejor estas diferencias culturales cuanto más conozca a su vecino judío.

Familia y educación

La familia, por tradición, tiene una alta prioridad entre los judíos. En la Torá hallamos algunas instrucciones que elevan la importancia de la familia y la educación. El Señor le dijo al pueblo judío: «Honra a tu padre y a tu madre, para que disfrutes de una larga vida en la tierra que te da el Señor tu Dios» (Éxodo 20:12).

Y también instruyó a Israel diciendo: «Incúlcaselas [sus leyes] ... a tus hijos. Háblales de ellas cuando estés en tu casa y cuando vayas por el camino, cuando te acuestes y cuando te levantes» (Deuteronomio 6:7).

Este énfasis en la familia y la educación, mantuvo al pueblo judío relativamente exento de las tentaciones del mundo hasta hace poco.

Hoy, sin mucha diferencia de lo que pasa en el resto del mundo, más y más parejas judías se divorcian y muchos adolescentes judíos son vulnerables a las drogas como cualquier otro joven. Tal vez crea que su fe puede ser un faro para traer a su vecino judío a los valores bíblicos que son el corazón y esencia de su propia cultura.

Varios aspectos culturales de la vida judía tienen sus raíces en la religión.

Kosher

Kashrút o kosher significa «en línea con la ley religiosa», o como dije en el capítulo anterior, «aceptable» a Dios. Otra manera de traducir el término es «apropiado y conveniente». Muchas cosas pueden considerarse kosher: la Torá, una acción, un manto de oración. Pero cuando usted oye acerca de eso, probablemente piense en comida, porque esa es la aplicación más común.

Hay muchas leyes kosher: cómo debe matarse un animal, cómo no debe cocinarse, cuáles son apropiados para comer. Las leyes que Dios les dio a los judíos eran para separarlos como gente santa. Él no quiso que sus elegidos se mezclaran con los paganos y sus prácticas. Las leyes dietéticas distinguieron mucho a los judíos de los no judíos, y mantuvieron a su pueblo como único.

A pesar de que hay muchos mandamientos bíblicos específicos concernientes al kashrút, muchas tradiciones adicionales se desarrollaron alrededor de ellos. Para citar un ejemplo, de cómo el Talmud y las tradiciones operan, démosle una mirada a una ley kosher.

Deuteronomio 14:21c dice: «No cocines el cabrito en la leche de su madre». Dios no quería que su pueblo hirviera los cabritos en la leche de sus propias madres, posiblemente porque era una práctica pagana, o para mostrar consideración al animal. De este mandamiento, los judíos religiosos concluyen con dos juegos de platos para comer: uno para productos cárnicos, otro para la leche o productos lácteos, y algunas veces hasta con dos refrigeradores, uno para carnes y otro para lácteos.

Fue esta misma celosa línea de pensamiento religioso la que condujo a los rabinos a establecer que se necesitaban exclusivamente dos juegos de platos separados para la Pascua. Esto era para asegurarse de que no hubiera ninguna oportunidad de comer pan con levadura durante la semana de Pascua (la fiesta del pan sin levadura). Hacerlo era no kosher.

Esto puede parecer un poco exagerado, y quizás sea de alguna manera excesivo, pero la idea inicial de poner «una cerca alrededor de la ley» era un plan para dificultar más que quebrantaran los mandamientos de Dios. La cerca fue erigida por la tradición. Esta llegó a ser una fuerza tan poderosa en la vida de la comunidad judía, que oímos a Tevye, el personaje de la película El violinista en el tejado, defender la tradición como la razón que capacitaba al pueblo judío para mantener su equilibrio. «Sin tradición», explica, «¡nuestras vidas serían tan tambaleantes como un violinista sobre el tejado!»

Su amigo judío puede o no mantenerse kosher. Puede serlo bíblicamente. Pueden mantenerse tradicionalmente kosher. En el hogar las leyes de kashrút deben cumplirse. En un restaurante, sin embargo, pueden suspenderse. Algunos judíos no comerán cerdo, aunque usen solo un juego de platos. Otros pueden mantener toda la levadura fuera de la casa durante la Pascua, pero ordenan camarones si salen a cenar.

Como con otras formas de mi pueblo judío, hay mucha variedad en el aspecto kosher. Tómese un tiempo para hablar con su vecino judío acerca de sus ideas concernientes al kashrút como la mejor manera de lograr entendimiento.

Circuncisión

Otra actividad cultural que hunde sus raíces en las Escrituras es la ceremonia que rodea al nacimiento. Todos celebramos el nacimiento de un niño. Es uno de los más extraordinarios acontecimientos de la vida. El pueblo judío tiene una ceremonia única respecto al nacimiento de un niño, llamada B'rit Milah, el «Pacto de la circuncisión». Es en esta ceremonia que al bebé se le asigna su nombre.

Esta práctica se remonta a los días de Abraham. La circuncisión fue la señal del pacto que Dios hizo con el pueblo judío y debe realizarse en cada varón cuando tiene ocho días de nacido (Génesis 17:10-14).

Lucas 2:21 registra la circuncisión de Yeshúa y cuando le pusieron su nombre:

> Cuando se cumplieron los ocho días y fueron a su B'rit Milah, lo llamaron Yeshúa, nombre que el ángel le había puesto antes de que fuera concebido.

Hoy me percato de que hay varios debates acerca de la circuncisión. ¿Es bueno para los gentiles circuncidar a sus hijos? ¿Deberían los creyentes, judíos o gentiles, circuncidar a sus hijos siguiendo los pensamientos de Pablo como se expresan en Gálatas? ¿Es una ceremonia pasada de moda que debería evitarse porque puede traumatizar al infante? Obviamente, tales preguntas están fuera del campo de este libro.

Para nuestros propósitos, usted solo necesita estar consciente de que el nacimiento de un hijo, su circuncisión y asignarle el nombre, es un gran acontecimiento. Felicite a los padres porque su hijo les es dado como señal del pacto que Dios dio al pueblo judío, y a los que son aliados de Israel.

Asignar el nombre

Esta ceremonia tiene variaciones. En los tiempos bíblicos al niño se le llamaba «Hijo de tal»; y a la niña «Hija de tal». Esto se ve cuando

Yeshúa llama a su discípulo Simón bar Jonás, que quiere decir: Simón hijo de Jonás. No había apellidos como los tenemos hoy. Los niños y niñas se identificaban con sus padres en esa manera. Estos nombres se utilizan, aun en el servicio actual en la sinagoga, cuando se invita a alguien al bima (púlpito) a leer la Torá.

Las personas judías que tal vez conozca no se les llama por sus nombres hebreos. Debido a que vivieron o viven en tierra de otros desde la dispersión, ellos han adoptado nombres populares de esos lugares.

Cuando nací, mis padres me llamaron Barry, un nombre anglosajón. El que me asignaron al circuncidarme, Baruc, cuyo significado hebreo es «bendecido», raras veces lo usamos. Solo algunos de mis más cercanos amigos y familiares me llaman así. En Estados Unidos soy Barry Rubin. Pero si fuera a vivir a Israel, sería Baruc ben Israel. (El nombre hebreo de mi padre es Israel.)

El mío significa: «Bendecido hijo de Israel». ¡Bonito, no! (Ben es hijo en hebreo, mientras que Bar es arameo. Con frecuencia, estos dos idiomas antiguos del pueblo judío se intercambian. Puede ver ejemplos de esto en el Nuevo Testamento.)

A mí, como a muchos askenacitas, me dieron el nombre de un familiar fallecido. Esta tradición se desarrolló «como recuerdo de la muerte a través de la vida». Esta es otra costumbre de mi pueblo para asignar nombres.

Conocer estas ocasiones favorables: el nacimiento, la circuncisión y la asignación del nombre a un niño judío, le dará la oportunidad de conversar de una manera inteligente. Usted puede inquirir acerca del nombre y lo que significa. Puede preguntar en cuanto a la persona fallecida que se conmemora. Incluso, hasta puede enviar una tarjeta o un regalo. Es posible que sea una de esas ocasiones en que realmente puede mostrar su amor y su amistad.

La boda

Otro acontecimiento especial en la vida de su amigo judío es la boda. Aun cuando las bodas judías se asemejan a las cristianas, hay algunas diferencias que debemos tomar en cuenta. Si usted va a la boda de su amigo judío, o a la de el hijo o hija de él, es posible que vea algunas ceremonias inusuales.

«¡Te tengo buenas noticias!»

Para comenzar, es frecuente que los padres del novio y de la novia encaminen a sus respectivos hijos por el pasillo. Con este acto, simbolizan el concepto de que hombre y mujer dejan a su padre y a su madre para reunirse con su compañero. Este es el mismo simbolismo en la boda cristiana, excepto que solo el padre de la novia encamina a su hija.

Usted verá a la pareja que se casa parada bajo un dosel llamado *jupáh* [especie de carpa o tienda de campaña] que simboliza la consumación del matrimonio. En tiempos bíblicos el hombre llevaba a la mujer hasta su tienda y consumaba su relación. Luego se les reconocía como casados. Puesto que las tiendas suelen representar la cobertura de Dios sobre su pueblo, veo al *jupáh* como condición de la cobertura de él sobre la unión. Cuando oficio una boda, siempre menciono esto.

Una vez que la pareja está bajo el dosel, el rabino pedirá al novio que repita lo siguiente: «Santifícate (apártate) para mí con este anillo de acuerdo a la ley de Moisés e Israel». Usted puede también oír la lectura del ketuváh, o contrato matrimonial. Este, escrito antes de la ceremonia, es la promesa hecha por el novio de apoyar y cuidar a su esposa. El *Sheva Brakhot*, las siete bendiciones, suelen cantarse en hebreo por el cantor o el rabino durante la ceremonia nupcial.

En la culminación, es costumbre que el novio coloque un pequeño vaso en el piso para pararse sobre él y quebrarlo. Esto tiene varios significados tradicionales, pero el que más prevalece es el que conmemora la destrucción del templo en el año 70 de nuestra era. Aquellos que entienden dicho significado recuerdan que el judaísmo está incompleto sin el templo. Los judíos creyentes en Yeshúa, vemos que el judaísmo bíblico se cumplió con el sacrificio expiatorio del Mesías.

Luego sigue la fiesta, y puesto que una boda es una *simját* o celebración, esto obliga a que los asistentes se diviertan. Por tanto, si asiste a una boda judía, ¡gócese! Coma, dance, cante, siempre y cuando no tenga objeciones a eso (y si no está a dieta). Recuerde, Pablo dijo: «Con los judíos, judío». Así que, ¡disfrútelo!

En el nacimiento de un bebé, en el Bar o Bat Mitzváh, o en un matrimonio, usted tiene una maravillosa oportunidad de cultivarse más conociendo las costumbres de su vecino judío. Estas ocasiones le dan la posibilidad de demostrar su identificación y preocupación por su amigo judío. Pero no hay ocasión en la que se pueda acercar más que aquella que sigue a la muerte de su querido vecino.

Muerte

Para el creyente, muerte significa ausencia del cuerpo, presencia ante el Señor. Extrañamos a la persona que falleció, pero tenemos la seguridad que él o ella están en un mejor lugar. Para las personas judías que no creen, la muerte de alguien produce una depresión desesperante. Los funerales judíos son tristes. Actualmente las personas judías no tienen esperanza en la otra vida. Así que, las preguntas sobre la futilidad de la existencia asaltan sus mentes. Algunos sostienen un punto de vista algo supersticioso de la vida después de la muerte, pero creo que muchos consideran la muerte el final, no el comienzo.

Al período de los primeros siete días posteriores al funeral de un familiar (que deben realizarse lo más pronto posible después de la muerte, no más de tres días) se le llama shiváh, que literalmente significa siete. Durante este tiempo, la familia usará una prenda de vestir rota. En tiempos bíblicos, cuando las personas estaban de duelo, rasgaban o despedazaban sus vestidos. Los endechadores o llorones se sientan en sillas bajas o en cajas, siempre que no sean del tamaño normal. Actualmente, algunos se sientan en el piso. De estar sentado por siete días, es de donde viene la expresión «sentado en el shiváh». No se usan zapatos de cuero. No se permite que se afeiten o corten el pelo; ni tampoco el uso de cosméticos. Ninguno de los placeres diarios de la vida es permitido.

Se acostumbra durante este período visitar a la familia que se lamenta en el lugar donde están «sentados». Sin embargo, ya que las palabras no pueden expresar el dolor que sienten los endechadores, a los visitantes casi siempre se les dice que no pronuncien ni una sola palabra a no ser que sean los dolientes quienes hablen primero. Asimismo, si el endechador menciona al fallecido, la costumbre permite que se hable de él con afecto. Esto lo ayuda a través del período doloroso.

Hay otros dos períodos de lamentación, uno que dura treinta días después de la fecha de la muerte, y el otro hasta que se cumple el primer aniversario. Con estos, se completa el ciclo de lamentación.

Si está suficientemente cerca de su amigo judío, podría visitar la casa shiváh. Permanezca con él, dejándolo que hable sobre la experiencia de su reciente pérdida. No sería de buen gusto hablarle sobre la otra vida en ese momento, no importa lo que se diga. Este es simplemente un momento para reconocer la soberanía de Dios y enfatizar su misericordia y compasión. No es tiempo de discutir juicio, expiación, salvación, cielo o infierno. Ministre a su amigo con alivio y consuelo. Ore para que el Consolador le dé palabras de consuelo para su vecino judío.

Entender la singularidad cultural de su amigo supone un largo camino que debe recorrer antes de presentarle al Mesías. Usted no solo entenderá a su audiencia, sino que se acercará más como amigo. Es importante que construya una relación de autenticidad, confianza y amistad con la persona con quien desea hablar. Deje las predicaciones del púlpito a otros. Usted necesita ser un buen amigo, dispuesto, deseoso y capaz de amar a su vecino judío. El glosario, al final del libro, le ofrece más información acerca de la historia, religión y cultura del pueblo judío, lo que puede serle útil al testificar.

SECCIÓN IV

La respuesta: Impedimentos para creer

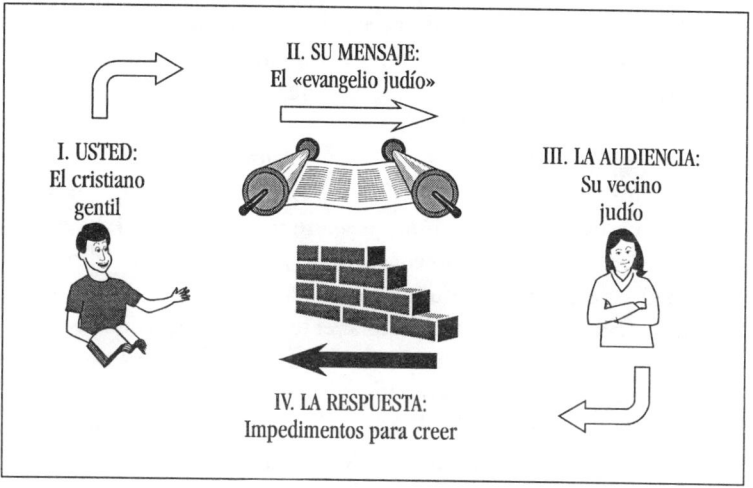

ierta vez vi a dos judíos debatir acerca del mesianismo de Yeshúa. Uno era creyente. Aunque tales debates aparentan ser útiles, la argumentación con frecuencia conduce a la ira, como ocurrió en este caso.

Al evaluar el impacto de la discusión (y hubo muchas en la historia), concluí que nada se logra. Excepto el espectáculo de dos judíos peleando.

Le recuerdo esta historia porque en esta sección discutiremos acerca de los impedimentos para creer. Aunque puede que se sienta equipado para ganar debates, permítame ofrecerle una sugerencia.

Una de las trampas en las que caemos es suponer que todo lo que debemos hacer es presentar un caso claro a favor del Mesías y que la gente creerá. Lamentablemente, eso no es cierto. Las Escrituras enseñan que el Espíritu de Dios es responsable de llevar a los individuos al Mesías. La fe es un regalo de Dios.

Puede que se pregunte entonces: «¿Cómo empiezo a expresar mi fe? La respuesta es sencilla: *Quite de en medio los troncos*. La siguiente ilustración le ayudara a entender esto.

Hace algunos años traté de dedicarme a la jardinería. Sabía poco menos que nada acerca de eso, pero preguntando y leyendo un poco, salí decidido a comprobar si podía con lo verde. ¡No fue posible! Pero aprendí algunas lecciones valiosas en el proceso.

Entendí cómo eliminar los terrones. El suelo en el que quería hacer el jardín era un gran montículo de arcilla, dura como una roca. Todos los libros que leí acerca del asunto me decían que debía romper el suelo, y remover todos los terrones. Invertí horas y horas dando hachazos. ¡Casi me rompo la espalda!

Poco después noté que las semillas que planté en las áreas que tan diligentemente había preparado crecieron. Las que puse en la tierra que preparé con menos cuidado nunca llegaron a desarrollarse. Las semillas contenían en sí mismas el potencial para vivir. Mi parte en el proceso fue estimular esa vida para que se desarrollara.

Esta sección trata acerca de limpiar el terreno, rompiendo las barreras para creer. Su vecino judío puede ser una semilla esperando germinar. Aprendiendo cómo romper esas barreras, usted puede estimular a la semilla para que crezca. Es el obrar del Espíritu de Dios lo que lleva a la persona al Señor. Nuestro trabajo es simplemente comenzar a romper el suelo y sacar de cuajo los terrones. Su vecino judío puede ser una parte del remanente.

Usted verá en el modelo para testificar que aparece al principio de esta sección, que llegamos al punto final del proceso de comunicación. Se llama: «*Respuesta, impedimentos para creer*». Ahora tiene una idea clara de quién es usted y cómo pueden percibirlo. Ya discutimos todo acerca del «evangelio judío», así que tiene una mejor idea de lo que su vecino judío puede creer, pensar y sentir.

Ya vio en la sección III que la historia, religión y cultura del pueblo judío son inseparables. En esta sección, las separé para enseñarle las barreras para creer, y cómo romperlas para que las buenas nuevas se puedan plantar. Sin embargo, debemos analizar primero a la persona con la que vamos a tratar.

EL ARTE DE DISCERNIR

— o —

Cuando una pregunta

no es tal cosa

(Esa es la interrogante)

Cuando Yeshúa envió a los doce discípulos los instruyó diciendo: «Los envío como ovejas en medio de lobos, por tanto, sean astutos como serpientes y sencillos como palomas» (Mateo 10:16). Les advirtió a sus discípulos en cuanto a la necesidad de estar alertas cuando salieran como representantes suyos. No estaba llamando «lobos» a su propio pueblo judío. Recuerde que él era judío y hablaba a judíos, así como acerca de algunos de ellos. Yeshúa sabía que se enfrentarían a grandes «desafíos».

Usted no tiene que preocuparse de que su amigo judío sea un lobo al cual temer, y por supuesto, no enfrentará el mismo peligro que los discípulos. La mayoría de los judíos son amables y considerados. Sin embargo, vale la pena seguir el consejo de Yeshúa. Ser astutos como serpientes y sencillos como palomas. Entre otras cosas esto significa que usted debe tener discernimiento cuando testifique, especialmente cuando responda preguntas.

Hay muchos tipos de interrogantes. Algunas se hacen para obtener información. Otras tienen diferentes intenciones.

¿Ha escuchado alguna vez las llamadas que hacen a los programas radiales en los que un experto está listo para responder preguntas? Probablemente habrá notado cuántas de las tantas preguntas realmente no lo son. Algunas veces lo parecen, pero en realidad son declaraciones. Otras, son desafíos disfrazados de preguntas. Aun otras son hechas de tal modo que solo la persona que interroga puede oírse.

Cuando recién comencé a enseñar en una universidad, no tenía mucho discernimiento. Los estudiantes levantaban sus manos con frecuencia, para preguntar o aclarar algo. Después de oír, ofrecía lo que consideraba una respuesta apropiada, solo para cerciorarme de que la pregunta no era en realidad tal cosa.

Mientras más experiencia adquiría, más me percataba de que ocasionalmente la persona que preguntaba empleaba ese tiempo para dar un pequeño discurso. Cuanto más enseñaba, más distinguía entre las preguntas verdaderas y las falsas. Así desarrollé un poco de discernimiento.

De igual manera, hablar con las personas acerca del Mesías requiere cierto grado de discernimiento. Con frecuencia, la pregunta se hace con el propósito de desafiar lo que usted dice. Algunas veces una pregunta es simplemente una manera de expresar los sentimientos personales. La experiencia, junto con la oración por discernimiento, lo sensibilizará ante la pregunta que con frecuencia yace tras sí misma.

Es característico del estilo de comunicación judío contestar una pregunta con otra. Por ejemplo:

«Hola Bernie, ¿cómo está tu hija?»
«¿Cómo crees que está con cinco niños?»

¿Estaba Bernie planteando una pregunta? No, estaba quejándose en lugar de su hija, quizá también por él mismo. Otro ejemplo:

«Papá, ¿crees que puedes comprarme un auto nuevo?»
«¿Un auto nuevo? ¿Crees que estoy hecho de dinero?»

Ambas respuestas a las preguntas parecen interrogantes, pero realmente son contestaciones disfrazadas de preguntas. Cuándo, dónde o cómo empezó este estilo de comunicación es difícil decirlo. Pero ¿existe entre el pueblo judío? ¿Podría decir lo contrario?

No importa cuando empezó; el hecho es que una manera semejante de comunicarse ya existía en el tiempo de Yeshúa. Él también contestó preguntas con preguntas. Lo observará en el transcurso de este capítulo.

Para que sea más eficiente al comunicar la buena nueva de que el Mesías ya vino, he aquí algunos ejemplos del estilo de comunicación de Yeshúa. Estos le mostrarán cómo respondió una pregunta con otra, y en qué manera usó los principios de discernimiento.

La pregunta desafiante
(Lea Mateo 21:23-27.)

Los principales sacerdotes y ancianos del pueblo vinieron a Yeshúa y le preguntaron que con qué autoridad enseñaba. Desde un punto de vista humano, tenían todo el derecho de hacer esa pregunta porque eran responsables de velar por el pueblo.

La autoridad de Yeshúa provenía del Padre y obviamente excedía la de ellos, pero no era el momento para revelarlo. Él quería evitar responder directamente. Para contestarles, respondió la pregunta con otra.

Él les preguntó a los principales sacerdotes acerca de algo que sabía que no estaban dispuestos a responder. Les prometió que si respondían primero a su pregunta, les contestaría la de ellos. Antes de responder al desafío de los principales sacerdotes, los colocó en la posición de tener que reconocer que Juan el Bautista recibió su autoridad del cielo. Si rehusaban reconocerlo, provocarían la ira de los que creían que Juan era profeta.

Yeshúa no estaba tratando de crear problemas. Sencillamente quería evitar la confrontación y el desafío, y los enfrentaba a la falta de sinceridad que implicaba su interrogante. Cuando le hable a su amigo judío acerca de cosas judías, puede que este lo desafíe. Podría ayudarle a entender lo que quiero decir si le digo algunas de las preguntas desafiantes que he oído durante mi ministerio.

«¿Quién le dio el derecho de decirme que Yeshúa es el Mesías?»

«¿Sabe usted hebreo?»

«¿Ha estado en alguna escuela rabínica?»

¿Son estas, en realidad, preguntas? Verdaderamente no. Son retos. En tales casos es sabio evitar responderlas. Proverbios 26:5 dice: «Respóndele al necio como se merece, para que no se tenga por sabio». A veces, este proverbio es útil. Examinemos por un momento, varias maneras en que debe responder las preguntas desafiantes.

Suponga que pudiera responder con sinceridad: «Sí, hablo fluidamente el hebreo y acabo de graduarme de una escuela rabínica». ¿Supone que persuadiría a quien lo interroga porque defendió su punto de vista contundentemente? ¡No lo crea ni por un momento! La respuesta a las impresionantes credenciales que presenta puede ser también frívola: «Bueno, en verdad no aprendió mucho en esa escuela»; o quizás: «Con tan ilustre educación, ¿por qué pierde el tiempo tratando de convertir judíos?» Repito, estas respuestas surgieron en conversaciones reales.

Por supuesto, las credenciales cuentan. Y sí habrá ocasiones cuando una respuesta directa es oportuna. Pero usted debe emplear el discernimiento, de otra manera, se arriesga a «echarle perlas a los cerdos».

A lo mejor no oirá las declaraciones ya mencionadas porque no es un «misionero profesional», sino un amigo solícito. Pero le ofrezco esto como ejemplo de desafíos disfrazados de preguntas. Ore por discernimiento y comenzará a detectar la diferencia entre lo que es sincero y lo que se hace con la intención de sacarlo del camino del evangelio.

La estrategia de Yeshúa consistió en apartar la interrogación desafiante respondiendo con otra pregunta. Si su vecino judío lo reta diciendo: «¿Habla usted hebreo?» o «¿Ha estado en una escuela rabínica?», trate de responder con una pregunta como la siguiente: «Si hablara hebreo, o si he estado en una escuela rabínica ¿estaría más dispuesto a creer que Yeshúa es el Mesías?» Puede ayudar a su amigo judío a percatarse de que lo que hace es desafiar el derecho de usted a hablarle de su fe.

De nuevo, le reitero que tal vez no será desafiado de la misma manera como lo han sido los obreros involucrados en ministerios a los judíos.

Ninguno de sus vecinos judíos cree que usted ha estado en la escuela rabínica o que hable hebreo. Solo deseo que vea que a veces una declaración desafiante viene disfrazada como pregunta, lo que le ofrece la oportunidad de lidiar con ella.

Recuerde, su derecho de expresarse proviene de una autoridad superior. Que usted no hable hebreo, y que no haya estado en una escuela rabínica, no tiene nada que ver con que Dios le reveló la verdad del Mesías prometido. Pero decir eso en una forma directa puede ser inoportuno en este punto de su testimonio. Por tanto, discierna igual que Yeshúa. Considere seriamente apartar la pregunta desafiante.

Preguntas que atrapan
(Lea Mateo 22:15-22.)

Mateo nos dice que los fariseos se confabularon para atrapar a Yeshúa. «Enviaron algunos de sus discípulos junto con los herodianos», del partido político que apoyaba al rey Herodes. Después de elogiar a Yeshúa, «le dijeron: —Maestro, sabemos que eres un hombre íntegro y que enseñas el camino de Dios»; le tendieron la trampa, «danos tu opinión. ¿Está permitido pagar impuestos al césar o no?»

Ellos trataban de atraparlo haciendo que se pusiera en entredicho con el pueblo o con los gobernantes romanos. Cualquiera que fuera su respuesta tendría resultados con efectos muy serios. Si Yeshúa admitía que era legal pagar tributo al césar, el pueblo agobiado con tantos impuestos se resentiría. Por otro lado, si Yeshúa lo declaraba ilegal, se pondría en problemas con el gobierno.

De nuevo, Yeshúa contesta su pregunta con otra interrogación: Tomando un denario, les preguntó: «¿De quién son este nombre y esta inscripción?» La respuesta fue obvia: «Del césar». Él concluyó: «Entonces denle al césar lo que es del césar, y a Dios lo que es de Dios». Él nunca dijo si era legal o ilegal. Es más, puso en su lugar a sus interrogadores y no ofendió a ninguno de los otros grupos.

Su vecino judío quizá le pregunte: «¿Apoya usted a Israel?» Esto puede ser una pregunta tan problemática como cualquiera de las que le hicieron a Yeshúa siglos antes. Su vecino sabe que no todo está bien en ese territorio, pero puede haber otro asunto tras la pregunta que va más allá de los acontecimientos actuales. La cuestión es si él puede o no confiar en usted. ¿Es usted amigo del pueblo judío, o no? «¿Es uno «de nosotros» o «uno de ellos»?»

Israel es la patria de los judíos. En la mente de muchos judíos está la noción de que algún día tendrán que escoger (o se verán forzados a) vivir ahí. La respuesta a la pregunta de su amigo judío: «¿Apoya a Israel?» revelará mucho acerca de usted y de la fe que expone. Puede que le considere confiable (¿recuerda nuestra discusión acerca de la credibilidad?). Lo que usted expresa acerca de Yeshúa ¿es seguro que lo escucharán?

Muchos creyentes que conozco apoyan a Israel porque la Biblia lo dice. Los judíos no solo deben vivir en ese territorio antes que regrese el Mesías, sino que Dios lo garantizó como patria para su pueblo. Muchos creyentes contestarían: «Sí, apoyo a Israel».

Hay judíos estadounidenses, sin embargo, que están al borde de un dilema. Algunos están descontentos y preocupados por el reiterado problema palestino. Ellos no desean que Israel sea o parezca violento. No obstante, entienden la necesidad de una patria.

Otros apoyan una posición firme con respecto a la inestabilidad en la franja occidental del Jordán. Algunos desearían sacar a todos los palestinos del país. Los judíos estadounidenses tienen perspectivas encontradas respecto a lo concerniente a Israel. Algunos hasta se han expresado en términos críticos. Otros son más tolerantes. Lo que hay que recordar es que es acerca de la patria judía de lo que los judíos argumentan. En muchos casos es un asunto familiar.

Su respuesta a la pregunta: «¿Apoya usted a Israel?» requiere discernimiento. En vez de ofrecer un rápido sí o no, ¿por qué no emplear esta oportunidad para aclarar su posición? Usted puede presentar el punto de vista bíblico en cuanto a que Dios prometió la tierra al pueblo judío (Génesis 13:14-15; 15:18-21; 26:1-5; 28:1-4). Explique que espera el día en que haya paz duradera en la tierra, ese cuando el Mesías regrese a instaurar su reino de paz. Usted puede expresar algunas ideas respecto a lo triste que se siente al ver tantos jóvenes judíos y palestinos heridos.

No se sienta atrapado si responde un rápido sí o no cuando se requiere más explicación. Criticar a Israel puede significar hablar en contra de la «patria». Tenga cuidado si decide hacerlo.

Quizá la intención de su vecino judío no sea atraparlo como los fariseos trataron de enredar a Yeshúa. Sin embargo, la pregunta puede surgir sin mala intención. Evitar un sí o un no equivocado, puede darle la pauta para usar en forma eficaz la oportunidad de explicar la verdadera respuesta: la paz no llegará hasta que Yeshúa venga. Su testimonio se fortalecerá con esto.

Preguntas capciosas
(Lea Mateo 22:23-33.)

Mateo nos dice que más tarde, ese mismo día, después que Yeshúa habló con los fariseos, lo visitaron los saduceos que le plantearon una pregunta capciosa. El asunto tenía que ver con la resurrección, algo que Yeshúa enseñó a sus discípulos. Pero ahora, lo enfrentaban los saduceos, la secta de los judíos que no creía en la resurrección.

La pregunta era compleja e intencionalmente crítica. Le propusieron una situación hipotética. Suponga que un hombre murió, y su hermano más joven, obedeciendo la Torá (Deuteronomio 25:5), se casó con la viuda. Imagínese que esto pasó con los siete hermanos en la familia. ¿De quién será esposa la mujer cuando resucite?

Era una pregunta capciosa porque los saduceos estaban inquiriendo acerca de algo que no creían. Quizás lo que estaban buscando era una manera de desacreditar al resto de las enseñanzas del Mesías.

Cuando creí en Yeshúa, me sentí atraído por la manera en que se comunicaba; él era diferente a todo lo que estudié antes. Pero lo que ocurrió en este caso con los saduceos, en realidad me dejó confundido. Obviamente Yeshúa no era un ingenuo. ¿Por qué entonces, se molestó en contestar esta pregunta planteada por los saduceos?

Leyendo esta porción de Mateo, hallé mi respuesta en el versículo 33: «Al oír esto, la gente quedó admirada de su enseñanza.» Me parece que la respuesta de Yeshúa no era tanto por el bien de los saduceos, sino por el de la multitud que podría extraviarse debido a las falsas enseñanzas de ellos.

Cuando le testifique a su vecino judío, también puede hacerle una pregunta capciosa. Por ejemplo: «Si Hitler hubiera creído, ¿habría ido al cielo?» Usted le puede responder en forma directa para afirmar exactamente lo que cree. Recuerde que esto puede ser algo más que una cuestión acerca de sus creencias teológicas. La interrogante puede ser hecha para saber lo que usted o su «religión» piensan respecto a la persecución de los judíos.

Usando el discernimiento, dirija la pregunta al tema del juicio, la justicia y la misericordia de Dios. Exprese su horror por lo que hizo Hitler. Averigüe si su amigo perdió familiares en el holocausto. Podría preguntarle si cree en el cielo y el infierno, y si no, por qué le hace la pregunta. Para usar un término que se emplea en ventas, «califique» a su amigo en base a ese tipo de argumentación.

Busque lo que hay detrás de la pregunta para discernir qué es lo que pasa en realidad. Quizás a su vecino judío le interese en verdad lo que le ocurrió a Hitler. Pero lo más probable, es que sienta curiosidad por saber lo que usted piensa, o esté buscando una manera conveniente de eludir su tarea al testificar.

Lo cierto es que la pregunta acerca de Hitler es absurda. Dada la naturaleza del monstruo, y la aparente inflexibilidad y dureza de corazón que tenía, está más allá de toda lógica que se arrepintiera.

En verdad, es una pregunta que no merece respuesta. Es como preguntar cuántos ángeles pueden bailar en la punta de un alfiler.

«¡Te tengo buenas noticias!»

Proverbios 26:4 dice: «No respondas al necio según su necedad, o tú mismo pasarás por necio.»

En la respuesta de Yeshúa a la pregunta capciosa que le plantearon, él aprovechó la oportunidad para predicar un breve sermón acerca de la resurrección para aquellos que desearan oír. Respondió, pero no de la manera en que los saduceos esperaban. Usted también, puede aprovechar una pregunta capciosa para conducir a alguien más cerca del reino de los cielos.

Preguntas probatorias
(Lea Mateo 22:34-40 y Marcos 12:28-34.)

Los fariseos enviaron a los herodianos ante Yeshúa. Después vinieron los saduceos. Ahora les toca el turno a los escribas, expertos en la interpretación de la ley judía. Mateo nos dice que su propósito era ponerlo a prueba.

Los escribas eran técnicamente doctos en los 613 *mitzvot* (mandamientos) que se hallan en la Torá. El estudio de estos *mitzvot* los tenían ocupados cada minuto del día. Posiblemente ellos podían hacer que Yeshúa contestara una pregunta acerca de esas normas de conducta dadas por Dios. «¿Maestro, cuál de los *mitzvot* en la Torá es el más importante?»

Es posible que esta fuera la manera habitual mediante la cual los escribas probaban a cualquiera que enseñaba al pueblo. O quizás estaban buscando que Yeshúa diera una respuesta «errónea».

La elección lógica de Yeshúa pudo ser enfocarse en el Sabbath, ya que guardar el día de reposo era algo de suprema importancia entre los judíos de esos días. Las normas y regulaciones para guardarlo se convirtieron en uno de los temas favoritos de discusión. Mateo ya había relatado un conflicto que surgió súbitamente cuando acusaron a los discípulos de Yeshúa de violar el Sabbath por recoger alimentos (Mateo 12:1-8). Quizás, los escribas buscaban probar la actitud de Yeshúa respecto a ese día.

Otros de los asuntos del día tuvo que ver con *kashrút*, mantener el kosher. Los judíos tenían restricciones en lo que podían comer. El cerdo y los mariscos estaban prohibidos. La carne no se podía ingerir junto con los productos lácteos. Las manos debían lavarse de acuerdo a una manera prescrita.

Hasta hoy, hay quienes se entrenan en *kashrút*, personas que se ganan la vida decidiendo qué es lo más adecuado en productos y procedimientos. Si usted examina el empaque de muchas comidas, notará una «U» o una «K» encerradas en un círculo. Esto significa que un rabino certifica la comida como kosher. Los escribas que probaban a Yeshúa pueden haber estado interesados en lo que él pensaba acerca de esas restricciones.

A lo mejor les preocupaba lo que pensaba en cuanto a la circuncisión. Esta señal del pacto era, y todavía lo es, un asunto controversial en la comunidad judía.

Independientemente de lo que estuviera tras la pregunta original, Yeshúa eligió responder a la prueba refiriéndose el *Shemá*. Esto es «oír», en hebreo, y es la primera palabra del credo fundamental de la fe judía, recitado en cada servicio de la sinagoga. En Marcos 12:29-31 se registra que Yeshúa citó el *Shemá* como el más grande mandamiento:

> «Shemá, Israel. Adonai Eloheynu, Adonai ejad [Oye Israel. El Señor nuestro Dios es el único Señor] —contestó Jesús—. Ama al Señor tu Dios con todo tu corazón, con toda tu alma, con toda tu mente y con todas tus fuerzas. El segundo es: «Ama a tu prójimo como a ti mismo.» No hay otro mandamiento más importante que éstos.»

Su audiencia quedó petrificada y sorprendida. En aquellas dos cortas frases, Yeshúa resumió la ley y los profetas. Pasando por alto la pregunta real de los escribas, habló al corazón de lo que preguntaban, esto es: «¿Qué es más importante para Dios?» él no se dejó enredar con la interrogante, fue más allá. No solo eso, sino que todo el pueblo judío estuvo de acuerdo conque el Shemá es la más grande declaración de su fe. Por tanto, en lugar de enredarse en disputas acerca de la ley, Yeshúa la afirmó en una manera muy judía. ¿Y por qué no hacerlo? ¿No era acaso él un judío practicante?

Puede que oiga una pregunta de su vecino judío con la intención de probarlo. Él podría preguntarle algo que, a primera vista, parecería irrelevante al propósito suyo de enseñarle acerca del Mesías de él. Pero podría haber otra pregunta detrás de esa.

Un ejemplo sería señalar la abundancia de denominaciones cristianas: «Usted dice que hay una sola verdad. ¿Por qué entonces hay docenas de denominaciones, cada una abogando por su propia interpretación de la Biblia?»

La respuesta a esa pregunta nos llevaría a un curso relativo a la historia de la iglesia. Ese no es mi campo, y seguro que tampoco es el suyo. Pero la esencia del asunto es realmente una pregunta: ¿Hay alguien que tenga el derecho o no de decir que hay una sola verdad? Este es el asunto que se debe abordar. Con respecto a este punto de la verdad, hay que puntualizar que el hecho de que alguien no esté de acuerdo en que hay una sola verdad, eso no niega que pueda haberla.

Así como la respuesta de Yeshúa fue más allá de las preguntas de los escribas, usted también necesitará dejar al margen lo trivial y regresar al meollo del asunto, el mesianismo de Yeshúa.

Nada de esto pretende sugerir que sea descortés o evasivo, sino que comunique según el estilo que Yeshúa empleó. Casi siempre contestaba las preguntas con otras. Él evitaba responder directamente, si esas respuestas pudieran, deliberadamente, ser mal usadas o tergiversadas. Nunca temió confrontar a las personas cuando fue necesario por la falta de sinceridad de sus preguntas. Yeshúa fue un comunicador sumamente efectivo. Su mensaje llegaba a la gente.

A usted le importa su vecino judío. Desea que conozca el gozo de la salvación. Sea astuto como la serpiente y manso como la paloma. El discernimiento le ayudará a conocer a cuál de estas criatura imitar, y cuándo hacerlo.

Después de tocar el tema del discernimiento, vamos a considerar algunas preguntas reales que usted puede enfrentar. La mayoría de los que hablamos del Mesías con el pueblo judío venimos con la misma lista de preguntas, los mismos terrones que deben eliminarse. Al presentarlos aquí y explicar cómo esos terrones ocupan el primer lugar, espero ayudarle a que rompa esas barreras para creer.

BARRERAS HISTÓRICAS PARA CREER

— o —

Traspase la brecha doctrinal

E l primer tipo de terrón que forma un impedimento para creer es lo que llamo la barrera histórica. Este obstáculo surgió en el jardín por algunas de las cosas terribles que pasaron en la historia relativas a los judíos y Yeshúa. He aquí varias realmente tremendas.

Si Jesús fue el Mesías, ¿por qué se cometen tantas atrocidades en su Nombre?

Como vimos, el pueblo judío está consciente en extremo de las terribles acciones que se hicieron en su contra «en el nombre de Jesús». En menor escala, sépalo o no, algo de eso puede ocurrir en su propio vecindario.

A muchos niños judíos los llaman «asesinos de Cristo» sus compañeritos mal informados. A muchas familias judías las menosprecian los vecinos que asisten a la iglesia el domingo. Además, son bastantes los que se excluyen de clubes sociales por el hecho de ser judíos. Este comportamiento no puede justificarse, pero podemos tratar de explicar qué yace tras eso.

Primero, los que persiguen a los judíos o a cualquier otra persona en el nombre de Jesús, es probable que no sean verdaderos creyentes. Y aun cuando se haga profesión de fe, es seguro afirmar que no son verdaderos seguidores de Yeshúa.

Muchas personas, aún hoy, asisten a la iglesia pero no tienen una relación personal con el Señor. Algunos van solo por tradición. «Mis padres fueron, mis vecinos van, mi comunidad espera que lo haga, por lo tanto, yo voy también». Esta no es una actitud poco común (por cierto, también prevalece en la sinagoga).

Es buena idea rechazar y sustraerse de las pasadas persecuciones contra los judíos al hablar de la fe con su vecino judío. Exprese su dolor porque esas atrocidades ocurrieron, y su tristeza porque las cometían gente que se llamaban cristiana.

Apúrese también en separar a estos malhechores del propio Yeshúa. En ningún lugar lo vemos plegándose a los que odiaban a su gente. Es más, cuando colgaba en el madero de la ejecución, abandonado por todos, incluso por sus propios talmidin (discípulos), rogó: «Padre, perdónalos ... porque no saben lo que hacen» (Lucas 23:34). Él murió voluntariamente para expiar el pecado de todo el pueblo.

Yeshúa enseñó el amor e inspiró gentileza. Practicó la paz, inculcó la generosidad. No hay ninguna indicación en lugar alguno de que indultara la violencia perpetrada por los que se llamaban sus seguidores. Al contrario, lo habría despreciado.

Aproveche la oportunidad, si lo confrontan con esta pregunta, para animar a su vecino judío a leer el Sermón del Monte. Deberá aclarar que la persecución de los judíos era muy extraña a lo que Yeshúa enseñaba.

¿Cómo puedo confiar en el Nuevo Testamento? ¡Es antijudío, antisemita!

Su vecino judío quizá leyó algo del Nuevo Pacto y llegara a la conclusión de lo que podría considerar odiosas diatribas contra su pueblo. Ciertas declaraciones del Nuevo Pacto parecen atacar a algunos del pueblo judío. En efecto, algunos de estos versículos se emplean para justificar actitudes y comportamientos antisemitas.

¿Cómo puede explicar estas declaraciones?

Primero, recuérdele a su vecino que el Nuevo Pacto es un documento judío, escrito por judíos, de judíos y para judíos (no para gentiles).

Debemos considerar sus comentarios de esta manera. No es inusual criticar a los familiares de uno, particularmente en el contexto de una reunión familiar. «La prima Rosi debería perder peso» o, «Ya es tiempo de que el tío Harry se consiga un trabajo». Pero deje que un extraño diga algo contra la prima Rosi o el tío Harry, que sin lugar a dudas los defenderán vigorosamente. De la misma manera, el Nuevo Pacto registra algunas declaraciones de ciertos judíos con respecto a otros. Esto no puede ser antisemita.

Aun los más ávidos antagonistas de Yeshúa, deberán reconocer que las cosas que se dijeron con rudeza contra algunos judíos eran ciertas. Escritos del tiempo de Yeshúa señalan que el criticismo del Nuevo

Pacto tenía como blanco a algunos judíos... pero no a todos.

La corrupción llegó hasta el despacho del sumo sacerdote, tanto que se convirtió en una posición política más que religiosa. Un sentido de autojusticia prevalecía entre muchos de los fariseos. Al *am ha-aretz*, el populacho, lo desdeñaba el liderazgo en Israel. Los judíos de Judá, que circundaban a Jerusalén, tenían en poco a los judíos galileos. En efecto, muchas referencias del Nuevo Pacto acerca de «los judíos», se dirigen a los judíos provenientes de Judá. Asumían una actitud de superioridad respecto a los judíos de Galilea. El pecado estaba presente en la tierra.

El Nuevo Pacto no es el único que señala estos problemas. El Talmud también los trata. Pero como los antisemitas emplearon mal el HaBr'it HaHadashah a través de los años para perseguir a los judíos, ahora es visto como antisemita.

La crítica de Yeshúa a los actos hipócritas de algunos del pueblo judío no era nada nuevo. Las acusaciones no eran más rudas que las de los antiguos profetas de Israel. Fue Isaías el que dijo lo siguiente:

> ¡Ay, nación pecadora, pueblo cargado de culpa, generación de malhechores, hijos corruptos! ¡Han abandonado al Señor! ¡Han despreciado al Santo de Israel! ¡Se han vuelto atrás!
>
> Isaías 1:4

No, las palabras del Nuevo Pacto no son antijudías. Yeshúa no odiaba a su propio pueblo. Como los profetas que le precedieron, odiaba al pecado. Las declaraciones que hizo las dirigió a ciertos judíos y atacaban problemas particulares. Sus palabras no eran más fuertes que muchas de las del «Antiguo» Pacto. En todas las Escrituras el propósito de Dios, de confrontar al pecado, es para poner en evidencia su constante y eterno amor cuando su pueblo se arrepiente. Si Yeshúa fue antisemita, también lo fue Isaías.

Si Yeshúa es el Mesías, ¿por qué los rabinos no creyeron en él?

Para comenzar, debe conocer algo que lo va a sorprender. Aunque piense que la gente judía escucharía cuidadosamente a sus rabinos, lo cierto es que a la mayoría de los judíos hoy no les preocupa lo que sus rabinos creen o enseñan. Hay grupos en los que verdaderamente el rabino tiene la última palabra. Los miembros de esos grupos ultraortodoxos, llamados Hasidim, se someten a la autoridad de sus rabinos. Es casi seguro que su amigo judío no pertenece a uno de esos grupos, ya que viven estrechamente unidos y en comunidades autosuficientes.

Por tanto, la razón por la que su vecino judío puede plantearle el punto de la incredulidad de los rabinos acerca de Yeshúa es una manera de decir: «Si nuestros eruditos judíos no creen que Jesús es el Mesías, entonces, ¿por qué hacerlo yo?»

Su respuesta debe ser que muchos rabinos han creído. Yeshúa mismo fue llamado rabino. Pablo, el antiguo Saulo de Tarso, fue uno notable. A Nicodemo, que fue a ver a Yeshúa de noche, lo llamaban gobernante de los judíos y muy probablemente era rabino. A través de los años muchos rabinos han creído.

Su vecino judío podría preguntar: «Entonces, ¿por qué no sabemos acerca de ellos?» Pero, al plantear la pregunta, sin duda ya se habrá dado cuenta de la respuesta. Si un rabino se convierte en seguidor de Yeshúa, al instante lo excomulgan y eliminan su nombre de los registros rabínicos. En verdad, no recibiría reconocimiento en la comunidad judía. Se cuestionaría su credibilidad. Se murmuraría acerca de su lucidez o de su compromiso con el pueblo judío y la Torá.

Las Escrituras enseñan que la mirada de fe es un don de Dios. «Así que Dios tiene misericordia de quien él quiere tenerla, y endurece a quien él quiere endurecer» (Romanos 9:18). Yeshúa predicó la humildad. Aun en su día, su mensaje no atrajo a los que se consideraban expertos en los caminos de Dios. Pablo mostró que entendió esos caminos cuando afirmó que «Dios escogió lo insensato del mundo para avergonzar a los sabios, y escogió lo débil del mundo para avergonzar a los poderosos ... a fin de que en su presencia nadie pueda jactarse» (1 Corintios 1:27,29).

Los judíos nunca hacemos proselitismo. ¿Por qué no nos dejan en paz?

Para empezar, es históricamente incierto que los judíos nunca hicieran proselitismo. Hoy pudiera decirse que no lo hacen, pero siglos atrás no fue así.

La única razón por la que Dios escogió a Israel fue para que fuera luz entre las naciones, a los gentiles. A lo largo de la historia bíblica, se ve a los judíos como un pueblo que testifica, desde el tabernáculo hasta el Mesías. Siempre fue la intención de Dios usar a su pueblo para su gloria y para mostrar al mundo un camino mejor. Moisés lo expresó así:

> Miren, yo les he enseñado los preceptos y las normas que me ordenó el Señor mi Dios, para que ustedes los pongan en práctica en la tierra de la que ahora van a tomar posesión. Obedézcanlos y pónganlos en práctica; así demostrarán su sabiduría e inteligencia ante las naciones. Ellas oirán todos estos preceptos, y dirán: En verdad, éste es un pueblo sabio e inteligente; ¡ésta es una gran nación! ¿Qué otra nación hay tan grande como la nuestra? ¿Qué nación tiene dioses tan cerca de ella como lo está de nosotros el Señor nuestro Dios cada vez que lo invocamos? ¿Y qué nación hay tan grande que tenga normas y preceptos tan justos, como toda esta ley que hoy les expongo?
>
> Deuteronomio 4:5-8

A través de las edades, la nación de Israel ha sido un testimonio de la presencia y el amor del Dios viviente. ¿Quién podría leer en las Escrituras las historias de Dios invitando a su pueblo a dejar el pecado y la rebelión (el libro de Oseas es un ejemplo conmovedor) y dudar de su compromiso para con su pueblo? A pesar de siglos de dispersión en tierra hostil y extranjera, e incontables persecuciones, ¿quién puede negar que una fuerza sobrenatural protege al pueblo judío?

En los primeros días del Nuevo Pacto había mucho proselitismo por parte de los judíos. Cuando estaban dispersos a través del Cercano Oriente, atrajeron a muchos al judaísmo. Las referencias neotestamentarias a prosélitos y gentiles temerosos de Dios, indican que el pueblo judío no se oponía a atraer extranjeros a sus prácticas. Después de todo, hacían su trabajo: llevar la luz del monoteísmo a las naciones paganas politeístas.

El último que realizó esa tarea, por supuesto, fue el apóstol Pablo, un judío ortodoxo que se convirtió en el portador de las buenas nuevas al mundo gentil.

Si creemos lo que Yeshúa dijo, nos corresponde como creyentes hablar de su mensaje con cualquiera que encontremos, como indicó Pablo: «Los judíos primeramente ... también ... los gentiles» (Romanos 1:16). Llámelo comunicación. Hacer proselitismo. Viaje misionero. ¿Qué importa cómo se le llame, si el mensaje es verdadero? Los creyentes están obligados a predicar las buenas nuevas, sin excluir a nadie, especialmente a los judíos.

Cuando estos dicen: «Nosotros no hacemos proselitismo», lo que realmente están expresando es: «No lo haga tampoco». La implicación es que no hay tal verdad que difundir, que la creencia de uno es tan buena como la de otro. Es reconocer que el pueblo judío está muy distante de los días en que eran una luz para las naciones. Pero si hay una verdad, una verdad real y objetiva, difundirla siempre es bueno.

Si su vecino judío estuviera muriéndose de alguna enfermedad y usted tuviera la cura, proveerle ese remedio sería lo adecuado. Eso no se consideraría proselitismo. Sería cuidado.

Hablarles a los judíos acerca del Mesías es algo que revela mucho más cuidado que darle la cura para una enfermedad. La plenitud espiritual, producto de la relación con Dios que él se propuso, es más importante que el bienestar físico.

Es un lamentable indicio del judaísmo moderno que haya muy poco proselitismo. Si los judíos estuvieran convencidos de la verdad del judaísmo como se observa hoy, este sería el mensaje que los impulsaría a difundirlo. A pesar de eso, si usted conoce la verdad, entonces también sabe que ella debe proclamarse, especialmente a aquellos a quienes les fue revelada primero.

La declaración de que los judíos no hacen proselitismo es meramente un fenómeno moderno, porque en el pasado ellos cumplieron su papel como pueblo que testificaba. Más aun, debe dejar bien claro que no testifica a su vecino judío para «convertirlo» y volverlo gentil; su único interés es ayudarlo a encontrar al Mesías. Usted tiene la cura para algo más que una enfermedad, tiene la cura del pecado.

No disminuya sus esfuerzos por hablar del evangelio. Estos pueden causar alguna fricción, pero si el fundamento de su relación con su vecino es sólido, esa amistad afirmará esta nueva dimensión.

Recuerde, la mayoría de las barreras históricas para creer están construidas sobre malos entendidos. Si toma el tiempo para hablar y para escuchar a su vecino judío, usted tendrá la habilidad de romper algunas de esas barreras, rompiendo los terrones para preparar la tierra y sembrar.

BARRERAS TEOLÓGICAS
PARA CREER

— o —

A través de dos mil años de confusión

Hay algunas barreras para creer que podríamos clasificar como terrones teológicos. Estos, al igual que las barreras históricas, hay que romperlos para poder plantar las buenas nuevas. Esas barreras hay que expresarlas, con frecuencia, en forma de preguntas.

¿Cómo pueden los cristianos adorar a tres dioses? ¡Los judíos solo adoramos a uno!

Este mal entendido es común entre los judíos que no entienden lo que significa la Trinidad (o triunidad). Recuerdo cuando pensaba que la Trinidad era un tipo de sagrada familia: Dios, el santo Padre, la virgen María, la santa Madre, y Jesucristo el santo Hijo.

Pero aun cuando los judíos entiendan que la Trinidad en realidad es Padre, Hijo y Espíritu Santo, sospechan de su parecido a algo así como tres dioses. Y si esto es cierto, equivale a politeísmo, una creencia antibíblica, anatema a los judíos.

Un consejo amistoso. No caiga en la trampa de explicar la doctrina de la Trinidad. Si Dios quisiera que tuviéramos una explicación asequible, ¡la habría proporcionado! Los teólogos luchan hace años a su manera para explicar la naturaleza única de Dios.

Hay explicaciones tales como la naturaleza trinitaria del agua: líquido, hielo y vapor. Pero, en verdad, esta y otras ilustracionesno no bastan. No hay nada en esta tierra que explique satisfactoriamente la naturaleza única del Creador del universo. Sería arrogancia nuestra intentar explicar su naturaleza, más de lo que nos revela él con sumo cuidado.

Hay, sin embargo, una respuesta a la acusación de que: «Ustedes los cristianos adoran a tres dioses.» Solo responda: «No, no es así.» Como señalé en la introducción de esta sección, Yeshúa mismo, refiriéndose a la Shemá (Deuteronomio 6:4), dijo: «Escucha, Israel: El Señor nuestro Dios es el único Señor» (Marcos 12:29). ¡Yeshúa defendió el monoteísmo!

Usted también puede mostrar que la palabra traducida como «uno» en la Shemá es la misma hebrea *ejad*. *Ejad* es un vocablo que indica unidad compuesta, como en Adán y Eva que se convirtieron en «un solo ser» (Génesis 2:24). Hay otra palabra hebrea, *yajid*, que también se traduce como «uno» indicando una unidad singular absoluta, como el número uno. Pero en la Shemá, el credo central de la fe judía, el Espíritu movió a Moisés de tal manera que decidió escribir la palabra *ejad*.

Tan sensible es este asunto, que el gran rabino y erudito Maimónides, en sus «Trece artículos de fe», hace un gran esfuerzo en sustituir la palabra ejad poniendo en su lugar yajid para describir la naturaleza de Dios, lo que significa modificar a la Shemá. Muchos creen que esta fue su tentativa de contrarrestar el punto de vista trinitario expuesto por la Iglesia. Sin embargo, lo que Maimónides hizo fue contrario al Tanáj ya que en ningún lugar se refiere a Dios como *Adonai Yajid*.

Usted también puede mostrar algunas concesiones en el Tanáj acerca del concepto de la unidad compuesta. Por ejemplo, las Escrituras hebreas usan con frecuencia las referencias plurales para Dios. La palabra hebrea Elohim, traducida «Dios», es plural. Este no es un gran argumento; sin embargo, hay algunas otras explicaciones plausibles para emplear esta forma plural.

También puede señalar algunos escritos judíos antiguos que se refieren a «una triple manifestación divina». Pero es probable que ni a usted ni a su vecino jamás les interese el Zojar, un libro judío de escrituras místicas en el que se lee acerca de esto.

La manera más simple de responder a la pregunta de la Trinidad, y el terreno donde pueda sentirse más cómodo, sería simplemente decir: «Sé por qué usted piensa eso, pero realmente los cristianos no adoramos a tres dioses. Es más, adoramos al Dios de Israel, el Dios de Abraham, Isaac y Jacob; el mismo que adoran ustedes.»

Hay algunas referencias bíblicas específicas que apoyan la unidad plural de Dios.

En Isaías 48:16 leemos:

Acérquense a mí, escuchen esto: Desde el principio, jamás hablé en secreto; cuando las cosas suceden, allí estoy yo. Y ahora el Señor omnipotente me ha enviado con su Espíritu.

Este pasaje, en el que Dios hablaba a través del profeta Isaías, parece involucrar a tres personas divinas: «El Señor», «me», y «su Espíritu». El «me» parece dicho como si tuviera igual naturaleza eterna que Dios mismo, es enviado por Dios, junto con su Espíritu.

También hay otras referencias «al ángel del Señor», que se identifica con Dios. En Génesis 16:7-12 «el ángel del Señor» habló a Agar, la sierva de Saray. Génesis 16:13 establece: «Como el Señor le había hablado, Agar le puso por nombre "El Dios que me ve"». Una escena similar aparece en Génesis 22, donde el «ángel del Señor» detiene a Abraham que va a sacrificar a su hijo. Estos versículos identifican claramente al «ángel del Señor» con Dios.

Hay referencias al Espíritu Santo, o Espíritu de Dios, tan temprano como en Génesis 1:2: «El Espíritu de Dios iba y venía sobre la superficie de las aguas». Isaías 11:2 dice: «El Espíritu del Señor reposará sobre él» (el Mesías). Hay varios otros ejemplos también en los que «el Espíritu de Dios» realiza muchas de las actividades y funciones que se atribuyen a Dios.

Un último comentario acerca de esto. De vez en cuando oirá esta pregunta: «¿Cómo puede tener Dios un Hijo?» Por supuesto, el concepto de Yeshúa como Hijo es un poco difícil de entender. Es obvio que Yeshúa no era Hijo en la manera que nos es familiar el término. Él no nació de la esposa de Dios, como los casos que puede encontrar en la mitología griega. No «creció en la casa de Dios» como nuestros hijos. Que él fuera Hijo significa algo totalmente distinto. Déjeme explicar lo que quiero decir.

El uso de la palabra *hijo* expresa la idea de que uno posee la identidad y personalidad específica del padre. Esto no siempre implica un vínculo físico. Por ejemplo, Yeshúa llama a Santiago y a Juan *boanerges,* «hijos del trueno», dándonos una imagen vívida de estos dos impetuosos hombres que se merecen este apodo tan apropiado (Marcos 3:17).

Muy temprano en la historia israelita Dios habla de Israel como «mi primogénito» (Éxodo 4:22).

De una manera todos pueden considerarse hijos de Dios. Pero Yeshúa era diferente. Él era el Hijo de Dios. Era el Unigénito Hijo de Dios, el Perfecto, porque él era la encarnación de Dios mismo.

Según Hebreos 1:3: «El Hijo es el resplandor de la Sh'khinah de Dios, la fiel imagen de lo que él es». Como los rayos del sol, Yeshúa nos muestra la verdadera esencia de todo lo que es Dios. Los rayos del sol no son el sol en sí mismo, pero son inseparables de él, porque sin sol tampoco habría rayos. También sabemos que estos son distintos porque podemos ver la luz en el cielo de soles de otros sistemas que brillan desde hace mucho. Lo que vemos son los rayos que generan esos soles desde hace miles de años.

Otros dos pasajes apoyan la verdad de que Dios tiene un Hijo. El Salmo 2:7 afirma: «Tú eres mi hijo», me ha dicho, «hoy mismo te he engendrado». A este Salmo se refiere Lucas en Hechos 13:33.

Un segundo y quizás más persuasivo pasaje viene en forma de adivinanza en el Tanáj y puede emplearlo de esa manera cuando testifique. Dice así:

> ¿Quién ha subido a los cielos y descendido de ellos? ¿Quién puede atrapar el viento en su puño o envolver el mar en su manto? ¿Quién ha establecido los límites de la tierra? ¿Quién conoce su nombre o el de su hijo?
>
> Proverbios 30:4

Todo lo que se refiere a la «tri-unidad» puede hallarse en el Tanáj. Eso en sí mismo hace que a este concepto, aparentemente extraño, el pueblo judío lo considere «kosher». Pero, de nuevo, explicarlo apropiadamente es pedir demasiado aun para el mejor teólogo.

Le sugiero que cuando le hable a su vecino judío, se limite a mostrar las enseñanzas de Yeshúa de que Dios es uno, como vimos en su alusión a la Shemá. Es más, usted puede mostrarle algunos de los otros versículos que expuse para comprobar que el Antiguo Pacto concede, y aun puntualiza, la naturaleza compuesta del único Dios verdadero.

«¿Cómo puede un hombre nacer de una virgen? ¡Esto, simplemente, no es posible!»

Es obvio que su vecino judío se refiere a la milagrosa concepción de Yeshúa. Y lo más interesante es que la explicación a esta pregunta es una de las más fáciles.

El asunto realmente nos traslada a la Soberanía de Dios. Si él puede crear de la nada los cielos y la tierra y todo lo que está en ellos, como se enseña en el

Tanáj, entonces crear a una persona a través de medios milagrosos no es en realidad un problema. Para nosotros sería imposible. Para Dios no.

De igual manera, considere que fue a través de una concepción milagrosa que Dios creó al pueblo de Israel. No es coincidencia que las madres del pueblo de la promesa: Sara, Rebeca y Raquel, fueran estériles. En Génesis 18:11—25:1 y 29:31 leemos que Dios abrió los vientres de esas matriarcas. Ya que fue por medio de la intervención milagrosa y divina del Dios Altísimo que el pueblo judío nació, es absolutamente congruente con esa realidad que el Redentor del pueblo judío también naciera a través de medios milagrosos.

¿No es posible entonces considerar que con estos actos divinos, Dios nos estaba dando una pista del nacimiento milagroso mediante el cual el Mesías vendría a vivir entre nosotros? Recuerde que su vecino judío puede estar especulando movido por un prejuicio contrario a lo sobrenatural. La concepción milagrosa de Yeshúa realmente no sería problema para el Dios que creó los cielos y la tierra.

«¿Cómo puede creer en la expiación sustitutiva? ¡Los judíos no creemos que alguien pueda expiar los pecados de otro!»

La declaración de que los judíos no creen en la expiación sustitutiva es verdadera y a la vez falsa. En la actualidad, es cierto que no creen. Pero en los días de la Biblia, eso tal vez fue falso.

Desde la destrucción del templo y el fin del sistema sacrificial en el año 70 de esta era, los rabinos trataron de ofrecer métodos alternos para expiar el pecado. Con la pérdida del templo, desapareció el único lugar para el sacrificio. Y sin sacrificio, no hay manera escritural para expiar el pecado.

Respecto a este dilema, surgen discusiones a través de los escritos judíos. Los sabios preguntan: «¿Cómo nos reconciliamos con Dios, como lo requiere, sin el sacrificio prescrito por él?» En lugar de reconocer que Dios mismo cumplió el requisito sacrificial de una vez y por todas mediante la muerte de Yeshúa, los rabinos plantean otra solución.

La respuesta que desarrollaron se centra alrededor de las «obras». Hacer *mitzvot*, buenas obras, razonaron, debe ser el plan alterno de Dios para la expiación. Aunque no hay nada erróneo en hacer buenas obras, este nunca fue el plan de Dios para la expiación, precisamente para evitar que la gente se ufane.

Tres *mitzvot* en particular se ofrecen como soluciones a la problemática surgida por la pérdida del templo. Primero es *t'shuvah* (arrepentimiento); después *tzedakah* (caridad), y finalmente *t'filah* (oración). Estas actividades fueron el programa alterno de los rabinos para ganarse el perdón. En el *Yom Kippur*, el «Día de la expiación», ningún sacrificio se ofrece; en vez de eso, el pueblo judío practica *t'shuvah, tzedakah* y *t'filah*.

Y así, hoy los judíos afirman: «¡Nosotros no creemos en la expiación sustitutiva!» Por eso, cuando exponga su evangelio judío presentando el hecho de que Yeshúa murió por sus pecados, lo más probable es que no se den por aludidos. Este concepto es extraño para la mayoría de la gente judía.

Ellos, en especial los que se consagran a evitar que la mayoría del pueblo se exponga al evangelio, se refieren con frecuencia a lo que dice Oseas 6:6: «Lo que pido de ustedes es amor y no sacrificios.» Pero este es un uso erróneo del versículo. Algunos pueden reaccionar a lo que se estima como hipocresía, caso en que el pecador viene a la iglesia el domingo, es «absuelto» de sus pecados, solo para salir y pecar de nuevo la semana siguiente. Ningún creyente verdadero consideraría esta forma de religión como el recorrer el camino de la auténtica fe mesiánica.

Aquellos que emplean mal el mensaje de Oseas 6.6 en su intento por desacreditar el sacrificio de Yeshúa, suponen que el *B'rit Hadashah,* el Nuevo Pacto, no enseña que Dios desea más de sus hijos que lo que propone la religión. Ellos fallan en ver que Yeshúa se refiere a este versículo de Oseas en Mateo 9:13.

La cuestión se resume a esto: ¿Enseñan los creyentes que todo lo que se necesita es tener un sacrificio para ser salvo? La respuesta es ¡no! Juan el Bautista proclamó: «Arrepiéntanse, porque el reino de los cielos está cerca» (Mateo 3:2). Yeshúa el Mesías, reafirmó este mismo mensaje al comienzo de su ministerio público (Mateo 4:17).

Santiago, en su discusión acerca de la fe y las obras, hace eco de este mismo sentir:

Hermanos míos, ¿de qué le sirve a uno alegar que tiene fe, si no tiene obras? ¿Acaso podrá salvarlo esa fe? ... Así también la fe por sí sola, si no tiene obras, está muerta.

Santiago 2:14-17

Santiago afirma que somos salvos por la clase de fe que resulta en buenas obras. De otra manera, nuestra fe es muerta. Él no sugiere que se requieren obras *para* salvarse; lo que dice es que las obras son resultado *de* la salvación. Por eso Yeshúa enseña: «Así que por sus frutos los conocerán» (Mateo 7:20).

Los creyentes no deben disputar con el deseo de los judíos de hacer *mitzvot*, buenas obras. En verdad, la sociedad prosperó por las valiosas y nobles contribuciones de los judíos. *Sin embargo, las buenas obras no expían del pecado.* Debido a eso, Dios estableció un sistema de expiación según leemos en Levítico: «Porque la vida de toda criatura está en la sangre. Yo mismo se la he dado a ustedes sobre el altar para que hagan propiciación por ustedes mismos, ya que la propiciación se hace por medio de la sangre» (Levítico 17:11).

Ya que a muchos judíos no les es familiar el concepto de sacrificio vicario o sustitutivo, usted puede ver esto como una barrera para creer. Por tanto, deberá mostrarle a su vecino este componente esencial de la fe, cuyo fundamento esta en Levítico y su cumplimiento en Yeshúa. Isaías 53 describe a un judío que muere por su pueblo. Daniel 9 dibuja al Mesías como «cortado» antes de la destrucción del templo. Estos pasajes juntos componen un buen argumento de lo que Yeshúa hizo al morir sobre el madero de ejecución romana (la cruz) en una colina que se conoce como Calvario.

«¿Por qué los cristianos creen en el regreso de la muerte a la vida? Los judíos no creemos en la resurrección.»

Si su vecino judío afirma que el pueblo judío no cree en la resurrección, puede argumentarle que la resurrección es en realidad un concepto judío. Esto no solo se encuentra en el Tanáj, sino que la resurrección fue y es enseñada por los judíos religiosos hasta hoy.

Lo que su vecino dice es: «La mayoría de los judíos no creen en la resurrección de los muertos». Eso es cierto, pero aquí hay varias referencias a la resurrección que hallamos en el Tanáj:

> Y del polvo de la tierra se levantarán las multitudes de los que duermen, algunos de ellos para vivir por siempre, pero otros para quedar en la vergüenza y en la confusión perpetuas.
>
> Daniel 12:2

¿Habré de rescatarlos del poder del sepulcro? ¿Los redimiré de la muerte?

Oseas 13:14.

Como vimos antes, los saduceos, los que no creían en la resurrección, vinieron a Yeshúa con la intención de cuestionarlo al respecto destacando que era una doctrina común en ese tiempo.

Maimónides, el gran erudito rabínico del siglo doce, escribió en el último artículo de su libro «Trece artículos de fe»:

Creo con perfecta fe que la resurrección de los muertos ocurrirá en el tiempo que le plazca al Creador, bendito sea su Nombre, y exaltada sea su Memoria por siempre y siempre.

Esto se escribió más de mil años después de la época de Yeshúa.

Está claro que los judíos creían en la resurrección en los días del Tanáj, en los de Yeshúa y por cientos y aun miles de años antes. Estoy convencido de que si habla con un judío ortodoxo hoy, hallará esta creencia presente en su pensamiento religioso.

Un rabino ortodoxo, Pinchas Lapide, escribió que está convencido de que Yeshúa resucitó de los muertos. En la portada de su libro *La resurrección de Jesús, una perspectiva judía,*[1] el rabino afirma: «Acepto la resurrección del día de Pascua no como una invención de la comunidad de discípulos sino como un acontecimiento histórico.» Sin embargo, este hombre, no está preparado para confesar que Yeshúa es el Mesías. En vez de eso, dice que es el Mesías de los gentiles.

Los judíos creen, o al menos creían, en la resurrección de los muertos. Esto es algo que deberá enseñarle a su amigo judío, de quien oyó la declaración: «Los judíos no creemos en la resurrección de los muertos.»

«¿Qué hace que usted crea en la vida después de la muerte? Nosotros los judíos no creemos en el cielo ni en el infierno.»
Una vez más, esta declaración revela hasta qué punto se alejó el judaísmo popular de aquellas verdades antes aceptadas, respecto a la

---

[1] Pinchas Lapide, *La resurrección de Jesús,* Augsburg Publishing House, Minneapolis, 1983.

teología bíblica y judía. Aunque hay menos énfasis en la vida después de la muerte que en la mayoría de los círculos cristianos, las doctrinas del cielo y el infierno tienen fuertes raíces en el pensamiento judío.

En la jerga judía, «cielo» es *Gan eden,* literalmente el «jardín de Edén» y *Ha'olam haba,* «el mundo por venir»; infierno es *Gehenna,* nombre que se le daba al lugar donde se quemaba la basura.

Se afirma de Yochanan ben Zakai, citado anteriormente en conexión con el desarrollo del judaísmo rabínico, que en su lecho de muerte tenía temor por el futuro. Sus discípulos le preguntaron por qué lloraba, y él respondió que no sabía de qué manera se iba a presentar ante su Hacedor.

La posición más ampliamente sostenida hoy por los que creen en la vida después de la muerte es casi siempre aquella en la que la calidad de las obras determinan cuál será el fin de una persona. Cada año en *Rosh Hashaná,* el año nuevo judío, la tradición enseña que Dios abre sus libros en el cielo. Estos se consideran los registros de sus cuentas, donde están los activos y los pasivos. Revisando la vida de la persona durante el año Dios se prepara a escribir su nombre en uno de los tres. En el libro de los totalmente justos, en el de los injustos o en el de los del medio.

Como puede esperar, la mayoría califica en el libro de los del medio. Entonces se les da diez días hasta *Yom Kipur,* para enmendar aquellas cosas erróneas que hizo el año anterior para balancear su cuenta. Esos diez días son los que llaman los «días de temor reverencial», *Yomin Noraim,* y cuando se cumplen, enseña la tradición judía, su destino se sella para el año siguiente.

Aunque el cielo y el infierno no son doctrinas ampliamente sostenidas, existen en la teología judía; y pese a que la mayoría de los judíos no cree en el sistema, este persiste allí. Si su amigo judío dice que los judíos no creen en esos conceptos, tal vez le diga la verdad, pero históricamente no es cierto.

«Si Jesús era el Mesías, ¿por qué no hay paz en la tierra?»

Hoy en día, el pueblo judío que en verdad está expectante por el Mesías, espera que él venga para traer paz a la tierra como se establece en las Escrituras:

Él juzgará entre las naciones y será árbitro de muchos pueblos.

Convertirán sus espadas en arados y sus lanzas en hoces. No levantará espada nación contra nación, nunca más se adiestrarán para la guerra.

Isaías 2:4

El lobo vivirá con el cordero, el leopardo se echará con el cabrito, y juntos andarán el ternero y el cachorro de león, y un niño pequeño los guiará.

Isaías 11:6

Estas y otras porciones de las Escrituras hablan acerca de un mundo de paz asociado con la venida del Mesías. En generaciones pasadas, el pueblo judío se hizo eco de todas las cosas maravillosas que pasarían «cuando el Mesías viniera». No habría más pobreza, ni sufrimiento ni dolor y tampoco más guerras.

Ahora entenderá que esa gente familiarizada con las predicciones de un mundo de paz y de prosperidad universal tiene problemas para ver a Yeshúa como el cumplimiento de sus expectativas. Con frecuencia oigo lo siguiente: «Hay más guerras desde el tiempo de Jesús que en todo el pasado antes de él». Sin duda esto es cierto. Y es un triste comentario en el supuestamente iluminado mundo en el que vivimos, sobre todo en uno en el que hay tantos creyentes. No obstante, eso también se predijo en la Palabra de Dios:

Más tarde estaba Jesús sentado en el monte de los Olivos, cuando llegaron los discípulos y le preguntaron en privado:

—Cuándo sucederá eso, y cuál será la señal de tu venida y del fin del mundo?
—Tengan cuidado de que nadie los engañe —les advirtió Jesús—. Vendrán muchos que, usando mi nombre, dirán: «Yo soy el Cristo», y engañarán a muchos. Ustedes oirán de guerras y de rumores de guerras; pero procuren no alarmarse. Es necesario que eso suceda, pero no será todavía el fin. Se levantará nación contra nación, y reino contra reino. Habrá hambres y terremotos por todas partes.

Mateo 24:3-7

Esto no es una descripción consoladora. Pero es algo que podemos identificar alrededor nuestro. Estas palabras las dijo el Mesías y no predicando paz y prosperidad, sino describiendo un mundo al cual volverá. Con ese regreso traerá el reino de paz que el pueblo judío espera del Mesías, como está escrito:

> Después vi un cielo nuevo y una tierra nueva, porque el primer cielo y la primera tierra habían dejado de existir, lo mismo que el mar. Vi además la ciudad santa, la nueva Jerusalén, que bajaba del cielo, procedente de Dios, preparada como una novia hermosamente vestida para su prometido. Oí una potente voz que provenía del trono y decía: «¡Aquí, entre los seres humanos, está la morada de Dios! Él acampará en medio de ellos y ellos serán su pueblo; Dios mismo estará con ellos y será su Dios. Él les enjugará toda lágrima de los ojos. Ya no habrá muerte, ni llanto, ni lamento ni dolor, porque las primeras cosas han dejado de existir.
>
> Apocalipsis 21:1-4

Para tratar con la dificultad de que el Mesías ya vino, pero no estableció un mundo de paz, debemos mostrar que su obra no está concluida. Yeshúa les dijo a sus seguidores que no solo habría más y más guerras sino también hambre, terremotos y malas noticias en el mundo.

La buena noticia es que habrá un fin para todas los anuncios malos. Pero hay que puntualizar que nadie entrará al reino sin establecer la paz con Dios, como está escrito: «Justificados mediante la fe, tenemos shalom [paz] con Dios por medio de nuestro Señor Jesucristo» (Romanos 5:1).

Ahora que ya está mejor equipado para romper las barreras teológicas e históricas, consideraremos algunos obstáculos personales para creer, qué podría enfrentar cuando le testifique las buenas nuevas a su vecino judío.

— 15 —

BARRERAS PERSONALES
PARA CREER

— o —

Rompamos las objeciones

individuales a la fe

¿*Por qué necesito que alguien expíe mis pecados? Soy una persona buena.*

Esta es una de las mayores barreras personales para creer. Es un enorme terrón que debemos desechar.

A ninguno de nosotros nos es fácil enfrentar nuestros pecados. La mayoría desarrollamos un sistema altamente efectivo que los sicólogos llaman mecanismo de defensa, pero la Biblia enseña que todos pecamos y estamos destituidos de la gloria de Dios.

Su vecino judío puede en realidad ser una persona de las más finas y decentes que conozca. Los judíos son renombrados debido a su preocupación por los desamparados, su dedicación a los enfermos y su compromiso con la justicia social. Con frecuencia se adhieren a normas elevadas de conducta y como grupo se esmeran en ser moralmente superiores a aquellos que los rodean. Recuerde que el pueblo judío fue puesto como ejemplo para el resto de las naciones. Aun cuando un judío no crea en Dios, posee un residuo de sentido de responsabilidad que lo hace tener un alto grado de conducta moral.

Suponiendo que su vecino es una persona buena, usted necesita comunicarle que Dios no lidia solo con las manifestaciones externas de gentileza y bondad. Él mira el corazón y juzga el pecado y sabe lo que pasa en lo más profundo de nuestro interior.

Los rabinos describen dos fuerzas que obran dentro de la persona, el *yetzer ha-tov*, la inclinación buena, y el *yetzer ha-ra*, la tendencia a lo malo. Estas inclinaciones afectan la elección moral. El apóstol Pablo describe su lucha como una continua preocupación entre la carne y el espíritu. Resume esto en palabras que podemos identificar con facilidad. «De hecho, no hago el bien que quiero, sino el mal que no quiero» (Romanos 7:19). En otras palabras, aun él no pudo vivir de acuerdo a las elevadas normas de la justicia de Dios. La mayoría de la gente, aunque dudan reconocer que son pecadores, sienten que la declaración de Pablo y el concepto rabínico parecen válidos. El hombre tiene propensión a pecar. Esa naturaleza es la que Yeshúa vino a tratar. Él vino a expiar nuestros pecados, y mediante el Espíritu de Dios, desterrar cualquier cosa que vaya contra la voluntad divina.

Su vecino judío necesita estar seguro de algunas cosas: que usted valora su amistad, que aprecia las cosas buenas que él o ella hace, que cree que Dios se complace con esas obras buenas.

También necesita entender que Isaías escribió con respecto a él y a su pueblo: «Todos somos como gente impura; todos nuestros actos de justicias como trapos de inmundicia» (Isaías 64:6). Su vecino necesita oír lo que el rey David tuvo que decir: «No hay nadie que haga lo bueno; ¡no hay uno solo!» (Salmo 14:3). Él necesita reconocer que Abraham pecó (Génesis 12:10-20); y Moisés (Números 20:7-13); y aun el muy amado rey David (2 Samuel 11:1-12:12).

Su amigo judío debe estar consciente de la verdad de que cualquier pecado, interno o externo, tiene sus consecuencias; que el pecado es más un asunto del corazón que de las manos; que hay una consecuencia espiritual del pecado que afecta la relación entre él y Dios.

> Son las iniquidades de ustedes las que los separan de su Dios. Son estos pecados los que lo llevan a ocultar su rostro para no escuchar.
>
> Isaías 59:2

Su vecino judío seguramente reconocerá, a pesar de lo bueno que sea, que hay en él una inclinación al mal, un pensamiento carnal, un pecado secreto. A los ojos de Dios los pecados cubiertos cuentan tanto como los que están a la vista. Él o ella necesita saber eso.

Un sábado en la tarde, mientras compraba en un centro comercial tuve la oportunidad de exponer el mensaje del Mesías a varios judíos. Después de explicarles por qué el Mesías tenía que morir, sonrieron con paciencia y objetaron:

—Pero somos gente buena, no necesitamos a nadie que haga expiación por nosotros.

—¿Obedecen la Ley de Dios? —les pregunté.

—Claro que sí —replicaron.

—¿Qué hicieron hoy? —les pregunté, juzgando por el número de bolsas que llevaban que habían pasado una buena parte del día comprando.

—Hemos estado aquí en el centro comercial —respondieron.

—Entonces díganme, ¿qué es obedecer el cuarto mandamiento?

No sabían con certeza cuál era el cuarto mandamiento. Les recordé que a los judíos se les ordenó guardar el sábado santo. Obviamente no lo consideraban tan santo allí en el centro comercial.

Ellos se percataron de que estaban confiando en sus propias normas de justicia y bondad. En esencia, estaban haciendo su propia religión. Muchos judíos asumen sus convicciones religiosas diciendo: «No hago nada que pueda herir a alguien.» Sin embargo, al mismo tiempo, no se mantienen en los caminos de Dios.

Cuando le preguntaron cuál era el más grande mandamiento, Yeshúa dijo que amar a Dios. Amar a Dios significa obedecerlo y tratar de complacerlo. Aquí es donde muchos nos quedamos cortos. Sí, debemos hacer obras buenas. Pero, también con frecuencia, fallamos en amar a Dios sobre todas las cosas.

Mi pueblo judío ha hecho su parte en cuanto a buenas obras. ¡Eso es maravilloso! Pero hacer buenas obras en un contexto de incredulidad puede llevarnos a la autojusticia y a alejarnos de Dios. Tal es la naturaleza de la humanidad. Y fue por esa misma razón que Dios proveyó la manera de reconciliarnos con Él. Yeshúa es el camino.

«Si creo en Yeshúa, ¿dejaré de ser judío?»

Siempre me encuentro con esta objeción. Ella muestra cuán distante está la fe mesiánica de sus raíces judías. La iglesia siente por los judíos, lo que sentiría por cualquier cosa sin trascendencia.

¿Qué estoy diciendo? Durante 1900 años, la mayoría de los seguidores de Yeshúa fueron gentiles con muy poco conocimiento del principio judío de su fe. Pero no siempre fue así.

Si recuerda el debate de Hechos 15, el punto discutido en el concilio de Jerusalén giraba alrededor de si los gentiles podían ser salvos o no, sin someterse antes a la ley judía, y por tanto convertirse en judíos. Puesto que casi todos los primeros creyentes eran hebreos, ellos no estaban seguros respecto a cómo instruir a los extranjeros que también seguían al Mesías.

Ciertos judíos, sobre todo entre los fariseos que creyeron en Yeshúa, sentían que era «necesario circuncidar a los gentiles y exigirles que obedezcan la Torá de Moisés» (Hechos 15:5). Después de mucho debatir, Pedro se levantó y dijo:

> Dios, que conoce el corazón humano, mostró que los aceptaba dándoles el Ruach HaKodesh lo mismo que a nosotros. Sin hacer distinción alguna entre nosotros y ellos, purificó sus corazones por la fe. Entonces, ¿por qué tratan ahora de provocar a Dios poniendo sobre el cuello de esos talmidim un yugo que ni nosotros ni nuestros antepasados hemos podido soportar? ¡No puede ser! Más bien, como ellos, creemos que somos salvos por la gracia de nuestro Señor Yeshúa.
>
> Hechos 15:8-11

Finalmente, el concilio acordó seguir la sugerencia de Santiago en cuanto a escribir a los gentiles de Antioquía «que se abstengan de lo contaminado por los ídolos, de la inmoralidad sexual, de la carne de animales estrangulados y de sangre» (Hechos 15:20). La carta fue llevada en persona por Pablo y Bernabé y la comunidad se regocijó debido a esa motivación.

Pero en corto tiempo, los ritos hebreos del cristianismo disminuyeron en gran manera. En un tiempo relativamente breve, lo que empezó como una secta judía se convirtió en una religión gentil.

En nuestros días, el nuevo creyente judío atraviesa una inimaginable crisis de identidad. Aun recuerdo la noche que tendido en mi cama invité a Yeshúa a mi vida. Temía dormirme pensando que despertaría como gentil. Yo no era antigentil. Algunos de mis mejores amigos eran gentiles. Estaba decidido a mantener mi identidad judía. Por primera vez en mi vida, entendí que Dios tenía un plan especial para el pueblo judío. Él me hizo judío. Todavía aquella noche temía que creer en Yeshúa me presionara a abandonar mi herencia. Después de todo, la mayoría de los creyentes que conocía eran gentiles.

Pero al día siguiente, me levanté deseando con vehemencia una rosca, lox y un emparedado de queso y crema. Muchacho, ¡qué alivio!

En realidad, sabía que continuaba siendo judío y nada cambiaría eso. Creer en Yeshúa puede hacerme un judío diferente, pero judío al fin y al cabo. Eso es un asunto de nacimiento no de elección (excepto para aquellos que se convierten al judaísmo). Nací judío y moriré judío. Pero gracias a Dios, cuando muera como judío, iré al cielo por la obra de otro paisano, Yeshúa de Nazaret.

Si su vecino pregunta si permanecerá judío después de aceptar al Mesías, asegúrele que sí. Otros judíos se han declarado Mesías. Todos ellos tuvieron sus seguidores. Barkokebas, el héroe que murió en la rebelión romana, tuvo muchos. ¿Acaso sus consagrados seguidores dejaron de ser judíos? Por supuesto que no. Y no hay rabino hoy que crea que Barkokebas era el Mesías.

Shabbetai Zvi se autoproclamó Mesías en los años 1600. Muchos lo siguieron en Europa. Pero cuando se metió en problemas se convirtió al islamismo. Obviamente, no era el Mesías, pero sus seguidores judíos siguieron siendo judíos.

Otros que anunciaban mensajes mesiánicos tenían seguidores que creyeron que quien pretendiera esas cosas era el Mesías. Pero no hay forma de saber que la comunidad judía los desvinculara diciendo que dejaran de ser judíos. Eso solo ocurre cuando deciden seguir a Yeshúa. Pero la fe en él no hace que una persona cese de ser judío, no importa lo que la comunidad judía o los rabinos afirmen. Tal identidad fue una obra soberana del Dios Altísimo. Ningún rabino moderno o líder judío puede cambiar eso.

Muchos rabinos asumen la posición de que el judío que acepta a Yeshúa aún es judío, aunque uno porfiado. Los funerales de las familias judías que alguna vez tuvieron como endechador a algún ser amado que aceptó a Yeshúa, casi no se realizan. Esto se debe, en parte, a la rígida posición adoptada por los judíos creyentes de hoy. Ahora estamos más comprometidos a vivir como judíos, aunque sigamos al Mesías Yeshúa.

En respuesta, la comunidad judía siente que los judíos creyentes en Yeshúa son mejores que antes. Ahora ellos adoran con regularidad al Dios de Abraham, Isaac y Jacob. Ahora muestran un compromiso más fuerte con Israel y su supervivencia, basado en las creencias de la Palabra de Dios. Muchos se han mudado a Israel.

Pregúntele a su amigo judío si uno de ellos que practique la meditación transcendental sigue siendo judío. Pregúntele si un judío ateo sigue siendo judío. Pregúntele si uno que practica yoga sigue siendo judío. ¡La mayoría de las veces la respuesta será que sí!

«¡Te tengo buenas noticias!»

Luego pregúntele ¿por qué un judío que enseña la Torá y guía a otros judíos y gentiles a una relación personal con el Dios de Abraham, Isaac y Jacob deja de ser judío?

Aceptar a Yeshúa como Mesías, Salvador y Rey no hace a un gentil un judío. Yeshúa hará que su vecino sea ¡plenamente judío!

«¿Sabe lo que pasará con mi familia si acepto a Yeshúa como Salvador y Mesías?»

Como acabamos de discutir, hubo un tiempo en que los judíos que aceptaban a Yeshúa se desvinculaban involuntariamente de sus familiares y amigos. No era raro que estos se sentaran shiva (lloraran por los muertos como ya se dijo), por el hijo o la hija rebelde que profesaron fe en Yeshúa. Pero los tiempos han cambiado.

Aunque aún puede preocupar a la familia cuando uno de ellos se convierte en creyente en Yeshúa, ya no es algo amenazador como antes. En el pasado, cuando un judío creyente se unía a una iglesia, con frecuencia perdía su identidad judía. Ya no tenía importancia casarse con otro judío, ni mantener su estilo de vida, ni gozar la cultura del pueblo judío.

Puesto que son una minoría, perder a uno es una amenaza a la misma existencia del pueblo judío. Por eso, cuando la vida de un nuevo judío convertido comienza a girar en torno a la comunión con su iglesia, pasar por alto a la comunidad judía hace que parezca que abandona a su pueblo... y en muchos casos es así.

Hoy, cuando un judío se convierte, puede mantener su identidad y el compromiso con su familia judía, sus amigos y su comunidad. Una de las razones de eso es el movimiento congregacional mesiánico.

En la pasada década, cientos de esas congregaciones se esparcieron por el mundo. Ellas suelen constituirse por una mezcla de judíos y gentiles que desean adorar a Dios al estilo judío.

La música suena como otra melodía judía. La liturgia contiene porciones escriturales tomadas de los libros de oración judíos. Las celebraciones santas se enfocan en la oración tradicional con un significado mesiánico completo.

Por ejemplo, se celebra el Yom Kippur con sus tradiciones, pero siempre reconociendo que Yeshúa hizo la expiación definitiva por todos los pecados. Se festeja la Pascua reconociendo el impacto total del

210

Mesías, nuestra Pascua, como Pablo lo refiere en 1 Corintios 5:7.

A muchos gentiles les gusta ese tipo de adoración y se identifican con el pueblo judío, sus tradiciones y costumbres. En las congregaciones mesiánicas no existe esa «pared divisoria», como la del templo que separaba a judíos de gentiles. En vez de eso, todos adoran juntos al único Dios verdadero.

Conocer a este movimiento puede ayudarle a situar a su amigo judío en un ambiente de adoración que le haga sentirse como en su casa. «Contextualización» ha llegado a ser un término común en las escuelas de misiones. Los misioneros se percatan de cuán necesario es poner la menor cantidad de piedras de tropiezo en el camino del que acepta las buenas nuevas. Las congregaciones mesiánicas son la cima de la contextualización para los judíos creyentes.

Entienda que si su amigo judío acepta a Yeshúa, habrá algunas reacciones negativas por parte de familiares y amigos. Esto debe esperarse. Pero usualmente después de un breve tiempo de ajuste, terminarán aceptando su nueva fe. Hay personas en todas partes que puede presentar a su vecino con otros creyentes judíos capaces de identificarse con lo que él o ella experimentan. Un poco más adelante les diré cómo contactar congregaciones mesiánicas.

Felizmente, hoy existe una gran receptividad en la comunidad judía hacia la persona de Yeshúa. Nunca antes en la historia hubo tantos eruditos judíos considerándolo como un judío digno de confianza. Con frecuencia se publican libros que tratan acerca de Yeshúa como un gran líder judío. Tenemos un tratado titulado: «El judío más famoso de todos», en el que mencionamos a otros judíos célebres y las cosas buenas que afirman respecto a Yeshúa. Esta es una gran oportunidad para hablar de las buenas nuevas con el pueblo judío.

«¿Dónde estaba Dios cuando murieron seis millones de judíos?»

Esta pregunta indagatoria no tiene relación directa con Yeshúa, pero más que un nexo refleja una desvinculación de Dios. Para muchos judíos que sufrieron el holocausto, creer en un Dios que cuida y que se compromete es casi imposible. Ya discutimos esto en el capítulo que trata acerca de las barreras históricas para creer. Pero debido al impacto personal que el holocausto tuvo en el pueblo judío esto se ajusta mejor a esta sección.

Si Dios es todopoderoso y se preocupa por su pueblo, razonan ellos, ¿cómo pudo permitir que los nazis mataran a una tercera parte de su pueblo escogido? Como es de esperar, este es un asunto sumamente sensible. No sé si alguien tiene la respuesta a este dilema. Aunque es cierto que después del holocausto la nación de Israel renació, y que este renacimiento fue parte del plan de Dios para los últimos tiempos, hablar de ello como una justificación para esa tragedia es delicado.

Algunos dicen que Dios prometió proteger al pueblo judío solo mientras viviera en la tierra de Israel. Presagios en las Escrituras advierten los peligros y desastres que acontecerían si se expulsaban a los judíos de su tierra, algo que finalmente ocurrió en el año 135 de nuestra era. Pero otra vez, señalarle esto a un judío puede parecer frío y cruel.

Una explicación a esto enfoca la libertad de elegir: «Dios le dio al hombre libertad para elegir, él no intervendrá cada vez que las cosas no marchen según lo desee.» Pero ¿reduce esta verdad el dolor de perder un cónyuge, padres o hijos en el holocausto? No, de ninguna manera. Es demasiado filosófico. Puntualizarle esto a una persona judía puede no ser suficiente, es más, es insensible.

No creo que nadie haya explicado adecuadamente cómo se permitió que seis millones de personas del pueblo elegido de Dios sufrieran y murieran como pasó con ellos.

Mejor que tratar de explicar dónde estaba Dios cuando murieron esos seis millones de judíos, será que trate de expresar el quebranto del corazón de Dios cuando cualquiera de su pueblo sufre. Nuestro Padre celestial debió sufrir lo mismo que todos los padres. Mi padre solía decirme que cuando tenía que castigarme, le dolía más a él que a mí. Nunca le creí. Solo sabía que mis nalgas enrojecían. No lo pude imaginar, hasta que fui padre. Ahora entiendo. Nosotros debemos saber que el sufrimiento de Dios excede al de su pueblo. Él es nuestro Padre celestial.

No hay un camino fácil para romper esta barrera para creer. Conduélase de su vecino judío. Póngase en sus zapatos, si puede. Es posible que él o ella haya perdido parientes durante los días negros de la historia judía. Su comprensión le ayudará a mitigar un poco el dolor que le mantiene alejado de la fe en Dios.

Ahora tiene la idea de que las barreras personales para creer pueden mantener a su vecino judío lejos de la fe. Estos terrones, además de los teológicos e históricos, pueden en realidad impedir el nacimiento o el crecimiento de la semilla de las buenas nuevas en el corazón judío.

Equipado, sin embargo, con las herramientas correctas y comprometiéndose a disponer de tiempo y paciencia, podrá remover y sacar esos terrones. Usted *puede* romper y atravesar las barreras que impiden creer. Puede superar las objeciones judías opuestas a confiar en Yeshúa. Prepárese lo mejor posible y déjele el resto al Señor. A través de su testimonio amoroso, los judíos que conoce pueden descubrir que son en verdad parte del remanente.

Nuestro último capítulo describe un testimonio verdaderamente real. Servirá para resumir mucho del material que ya ha aprendido y enfocarse en una manera novedosa. Usted ya lo leyó. Es la historia de la mujer en el pozo.

JÚNTELO TODO

— o —

Lance el anzuelo para el Señor

No es suficiente entender la «gran comisión gentil». No basta conocer cómo hacer más sensible su lenguaje. Ni siquiera es suficiente desarrollar una profunda comprensión de su vecino o compañero de trabajo judío. Y saber cómo romper las barreras es también solo parte del proceso. Hay que ponerlo todo junto.

Al comienzo de este libro, conté la historia de mi primer viaje a pescar, para enfocar lo que Yeshúa dijo en cuanto a que haría de sus discípulos «pescadores de hombres». Esa fue su promesa a aquellos que deseaban seguirlo, y dos mil años después nosotros también lo seguimos. Ahora, como entonces, él quiere que seamos pescadores de hombres.

Yeshúa nos dio una maravillosa instrucción en el arte de pescar. Las buenas nuevas de Yochanan (Juan) relatan la historia sencilla y efectivamente. La narración tiene que ver con el encuentro del Mesías y una mujer en un pozo. Este intercambio es un clásico ejemplo de comunicación persuasiva, un testimonio efectivo.

Parece ser el momento apropiado para resumir la idea que trato de tejer a través de este libro. Si recuerda al final una sola cosa, espero que sea esta: Testificar no es otra cosa que comunicar en forma efectiva las buenas nuevas de Yeshúa, el Mesías, que vino y murió para expiar nuestros pecados. Puede olvidar mucho de lo que expresé aquí, pero si recuerda que testificarle a un judío es comunicarle la verdad de que su propio Mesías ya vino, aprendió bastante.

El propósito de Yeshúa en esta tierra fue buscar y salvar a los perdidos. Aunque la mayor parte de su ministerio se enfocó a su propio pueblo, por supuesto que sintió carga por los que no eran judíos. Su Padre lo envió a morir también por los pecados de ellos, que necesitaban un Salvador, y recibir el regalo de la vida eterna.

La mujer del pozo no era judía. Era samaritana, parte de un pueblo que se desarrolló en el reino del norte de Israel bajo Jeroboam después que se separó del reino del sur, Judá.

Los samaritanos eran una raza mezclada con raíces paganas, descendientes de judíos que se casaron con habitantes de otros pueblos. Aun con muchas de las mismas prácticas de sus hermanos en Judá, reverenciaban la Torá, y afirmaban tener una versión más antigua que la judía. Trazaban su genealogía hasta Jacob, rechazaban el resto del Tanáj y desarrollaron su propia religión, similar al judaísmo. Los judíos despreciaban a los samaritanos. En el capítulo 4 de Juan, Yeshúa, un judío, conoce a una mujer samaritana. Observemos a Yeshúa en este encuentro. Es un verdadero estímulo para testificar. Le sugiero que lea primero la sección completa en la Biblia, Juan 4:5-30, y después vamos a ver los siete pasos para testificar.

Dispóngase

Sin duda, disponerse a testificar es el primer requisito en cualquier tipo de evangelización. Quizás parezca una afirmación obvia, pero ya dio el primer paso leyendo este libro. Ya mostró su deseo de servir al Señor llevando las buenas nuevas a su vecino judío. Pero aún debe superar ciertos obstáculos para continuar su camino. El ejemplo de Yeshúa es valioso:

> Llegó a un pueblo [en] Shomron [Samaria] llamado Sicar, cerca del terreno que Ya'akov [Jacob] le había dado a su hijo Yosef [José]. Allí estaba el pozo de Ya'akov. Yeshúa, fatigado del camino, se sentó junto al pozo. Era cerca del mediodía.
>
> Juan 4:5-6

Debido a su deseo de que los samaritanos supieran que el Mesías había llegado, Yeshúa superó los impedimentos que podrían estorbar el avance de su ministerio. Él pudo dar excusas sociales, religiosas y físicas para evitar el encuentro.

Humanamente, Yeshúa estaba cansado, «exhausto de su viaje». Más tarde nos percatamos de que estaba sediento y hambriento. Él sabía qué podía pasar si le pedía a la mujer que le diera de beber, su petición provocaría toda clase de preguntas. Podría haber evitado problemas con solo tomar el agua él mismo. Yeshúa pudo incluso pensar: «Estoy demasiado cansado y necesito cuidar de mis necesidades físicas antes de ministrar a alguien más.» Sin embargo, estaba dispuesto a testificar.

Una razón «religiosa» para no involucrarse en esa situación es que ella era samaritana. No solo los judíos evitaban a los samaritanos, sino que los más ortodoxos ni siquiera conversaban públicamente (ni lo hacen hoy) con mujeres, a excepción de sus esposas. Él pudo haber levantado el anzuelo y descansar. ¿Tenemos excusas religiosas para no asociarnos con ciertas personas? ¿Están los judíos fuera de los límites de su mente?

Su excusa «social» pudo ser que ella no era el tipo de mujer con la que debían verlo. Con el curso del tiempo, ella tuvo cinco esposos y con el que estaba viviendo no lo era (Juan 4:18).

Yeshúa podría haber hallado muchas excusas. Como hombre, estaba cansado, hambriento y con sed. Podría haberse valido de un sinnúmero de razones físicas para no comprometerse o complicarse. Pero el deseo de testificar derrumbó todos los obstáculos físicos.

¿Estamos muy cansados para contactar a un amigo judío? ¿O muy ocupados? ¿Debemos ocuparnos de nuestra comodidad primero? ¿Tenemos excusas sociales para no testificar? O decimos: «¿Es esta gente muy _____ (llene el espacio)?»

¿Tiene impedimentos que necesita superar para testificar a su vecino judío? ¿Está su programa demasiado ocupado o es la pérdida potencial de su negocio un obstáculo físico? ¿Hay dificultades sociales tales como la incomodidad de estar en situaciones culturalmente distintas? ¿Hay obstáculos religiosos tales como que ellos conocen mucho acerca de la Biblia?

Estas dificultades pueden superarse para mejorar su testimonio. Comience a orar. Pida una santa valentía para presentar al Mesías en una forma clara y directa. Ore para que su amigo judío le escuche. Ruegue que se le aclare el camino, que todas las barreras, obstáculos y problemas desaparezcan o al menos disminuyan.

Una vez que esté listo para testificar, que se determine a hacerlo, hable con Dios acerca de esa amada criatura que es su vecino, su compañero de trabajo o su amigo. Es Dios quien lo colocó allí para testificar acerca del regalo salvador del Mesías. Seguro que él le ayudará a testificar... si usted está dispuesto.

Despierte el interés

Imagínese cuán sorprendida quedó la mujer samaritana ¡cuando aquel judío le habló! «¿Cómo se te ocurre pedirme agua, si tú eres judío y yo soy [de] Shomron?» (Juan 4:9). Ella sabía muy bien que los judíos y los samaritanos no se relacionaban, ni siquiera conversaban. Eso le despertó el interés.

Este es un ejemplo de lo que los sicólogos sociales llaman disonancia cognitiva: dos pensamientos, conceptos o ideas conflictivas juntas. Este bien conocido principio de la sicología social explica muchos tipos de comunicación.

Cuando escribía este libro, en 1989, a mi hija menor, Shira, le oí cierta disonancia. Ella creía que tocaba el piano. ¡Parecía más bien que martillaba las teclas! El sonido era tan disonante que atrajo mi atención. (Shira dejó el piano y ahora estudia canto, su melodía no es nada disonante, es hermosa.)

Mientras redactaba esta versión revisada, mi hija mayor Rebeca tocaba el piano. Está muy adelantada. Su música me sirvió de fondo, y no sonaba disonante. Más bien la disfruté y no me distraje mientras escribía.

En música, la disonancia se define como una combinación simultánea de tonos en un estado de desorden, que necesita completarse. Es una herramienta efectiva en música, si se usa apropiadamente. Aunque también puede producir muchos sonidos desagradables. Una cosa es cierta, cuando esos sonidos disonantes se producen, lo notamos. ¡La disonancia atrae la atención!

Yeshúa, se dirigió a la mujer en el pozo, haciéndole que experimentara una disonancia cognitiva. He aquí a un hombre judío hablándole a ella, una mujer samaritana. Se suponía que esto no ocurriera. Aunque curiosa por naturaleza y hasta habladora, la mujer quedó confundida al instante, por lo que desafió a Yeshúa. Por supuesto, Él sabía que ella haría eso.

Al testificarle a su amigo judío, necesitará incentivar cierto interés respecto al evangelio. Ese es su segundo paso. La forma en que Yeshúa lo hizo era poco común. La disonancia llama la atención. Quizás use una cruz en el cuello. Ya mostramos por qué ese símbolo puede ofender a los judíos. Pero si su amigo judío ve que usted usa una estrella de

David, es posible que atraiga su atención. Si le pregunta por qué la usa, puede responderle algo como esto: «Porque Yeshúa, el Mesías, era descendiente del rey David.» Algunos creyentes incluso usan la estrella de David con una cruz en medio. ¡Hablar de esto despierta el interés!

Podría preguntarle a su amigo si es posible asistir a la sinagoga alguna vez con su familia. Seguramente que esto provocará una o dos interrogantes. Si le pregunta por qué, puede decirle: «Porque quiero ver el tipo de culto al que Yeshúa asistía. Sé que no fue a una iglesia.»

Hay algunos tipos de tarjetas de felicitación para los días festivos que los creyentes pueden enviar a las personas judías para mostrarles aprecio y despertar su interés. Hasta añadirle un pensamiento personal a una tarjeta de felicitación para un festival judío o cristiano puede ser una manera de establecer esa conexión. Por ejemplo, en diciembre, podría enviarle una tarjeta de felicitación a su amigo judío diciendo algo como esto: «Gracias a Dios por el pueblo judío, porque a través de él Dios trajo al Mesías y Salvador. ¡Feliz mesianidad!»

Piense en otros métodos para captar la atención de su vecino judío, pero permítame advertirle respecto a no inventar ni tramar una situación. Como casi siempre explico en mis clases de comunicación, alguien puede llamar la atención disparando un rifle antes de empezar a hablar. Pero a menos que el mensaje sea acerca de cacería, control de armas o algo relacionado con estas, el disparo se percibirá como algo programado y al final perjudicará la credibilidad del interlocutor.

Lo insto a considerar maneras pertinentes para atraer el interés de su amigo judío. Si no logra captar primero su atención, ninguna cantidad de persuasión tendrá éxito.

Sea oportuno

Sea que un político logre aprobar una ley, balancear los presupuestos o promover cambios sociales positivos, gran parte de ello depende de su habilidad para comunicar. Esta manera natural de persuadir, esta aptitud para que lo elijan una y otra vez, resulta de la destreza con que exprese los intereses de sus representados.

Ellos hablan acerca de temas propicios, lo que le preocupa a la mayoría. Si los traficantes de drogas acechan a la comunidad, los políticos levantan sus voces violentamente. Si la contaminación está envenenando un río, esto aparecerá en el programa del político. Su plataforma suele ser los asuntos más relevantes del día. ¿Por qué? Porque ser oportuno es un componente esencial de la buena comunicación.

Yeshúa lo demostró en su comunicación con la mujer en el pozo. Ella le preguntó respecto a por qué un judío le hablaba a una samaritana y recibió una respuesta adecuada:

> Si supieras lo que Dios puede dar, y conocieras al que te está pidiendo agua —contestó Yeshúa—, tú le habrías pedido a él, y él te habría dado agua que da vida.
>
> Señor, ni siquiera tienes con qué sacar agua, y el pozo es muy hondo; ¿de dónde, pues, vas a sacar esa agua que da vida? ¿Acaso eres tú superior a nuestro padre Ya'akov, que nos dejó este pozo, del cual bebieron él, sus hijos y su ganado?
>
> Juan 4:10-12

Esta no fue la respuesta que la mujer samaritana esperaba. Ella le estaba preguntado en cuanto a las relaciones religiosas entre judíos y samaritanos, no acerca del agua. Al testificar, el plan de Yeshúa era sacarla de un carril y ponerla en otro. Él ideó moverse a los asuntos espirituales en el momento oportuno.

Yeshúa halló a la mujer en el pozo, no en una tienda ni en el campo. Ella fue allí solo por una razón: sacar agua. ¿Qué referencia más oportuna que el agua pudo escoger Yeshúa? No solo el punto fue oportuno, captó su interés y, además, la guió a un diálogo espiritual, como veremos a continuación.

Recordará que en nuestro capítulo anterior acerca del discernimiento aprendimos que Yeshúa algunas veces decidió no contestar cierta pregunta directamente. Al llevar a la mujer al asunto del agua, y de allí al agua viva, Yeshúa pudo no haber elegido otra mejor manera de responder a su pregunta acerca de las relaciones judeosamaritanas. En verdad ¡No se la contestó!

Hace unos años murió el rabino Menachem Mendel Schneerson. Sus seguidores creían que era el Mesías y esperaban que resucitara pronto. La editorial «Lederer Mesianic» se unió a otro ministerio establecido en Israel, y publicó un libro llamado *La muerte del Mesías*. Hablaba del asunto del mesianismo de Yeshúa y el efecto de su muerte en contraste con la del rabino Schneerson. ¡Fue algo muy conveniente!

¿Cómo ser oportuno al presentarle las buenas nuevas a su vecino o amigo judío? Para comenzar sepa, a través de la conversación, qué hay en la mente de su amigo. Es obvio que los judíos «Lubavitcher», que seguían al rabino Schneerson, pensaban en la muerte y la resurrección. Su amigo o vecino judío tiene muchas cosas en su mente. Trate de imaginarse cuáles pudieran ser e intente dirigir la comunicación hacia esas cosas.

Suponga que el periódico reporta un asunto relevante de Israel. Tal parece que los mayores acontecimientos ocurren casi todos los días. Como dijimos, la mayoría de los judíos estadounidenses siguen las noticias de Oriente Medio con preocupación. ¿Por qué no traer a colación esas noticias como una oportunidad para discutir lo que la Biblia dice acerca de Israel?

Anteriormente traté acerca de una pariente a la que le testifiqué. La oportunidad surgió cuando ella me expresó una seria preocupación por la manera en que la opinión mundial parecía volverse contra Israel. Fui a la Biblia (específicamente Zacarías 12 y 14) debido a la relevancia de lo que ella dice acerca de Israel.

Consideré qué pasaría si trataba el asunto con ella anunciándole: «Say, ¿por qué no vemos la Biblia y estudiamos acerca del Mesías?» Sin duda, lo habría rechazado con cortesía. Israel, por lo general, es un punto conveniente para discutir con su vecino judío. Pero no es el único. El periódico está lleno de asuntos emocionantes que pueden llevar a una discusión bíblica. Le aseguro que si desea testificar e intenta despertar el interés, hallará muchos temas propicios de discusión.

Hable a las necesidades

Para captar el interés de las personas y discutir asuntos pertinentes a ellas, debe estar bien relacionado con sus necesidades. Si muestra su mensaje en una manera que supla sus necesidades, se inclinarán más a oírlo. Yeshúa demostró esto perfectamente.

Imagíneselo sentado a orillas del pozo de Jacob. Ahora figúrese a la samaritana acercándosele con un cántaro de agua en cada uno de sus hombros. Sienta el sol ardiente de Israel cubriéndola. Era mediodía.

Después de captar su interés (simplemente al hablar con ella) y traer a colación un asunto propicio (el agua), Yeshúa llevó la conversación a un nivel más profundo:

Todo el que beba de esta agua volverá a tener sed —respondió Yeshúa—, pero el que beba del agua que yo le daré, no volverá a tener sed jamás, sino que dentro de él esa agua se convertirá en un manantial del que brotará vida eterna.

Juan 4:13-14

Obviamente, Yeshúa no estaba hablando del preciado líquido. Se refería a una relación con Dios. Jeremías también uso la expresión «agua viva»:

Dos son los pecados que ha cometido mi pueblo: Me han abandonado a mí, fuente de agua viva.

Jeremías 2:13

Dios era el agua viva. Yeshúa dijo, simplemente, que conocer a Dios proporcionaba un refrigerio permanente.

Todos disfrutamos viendo un vaso grande con agua en un día particularmente caluroso. Hay algunas cosas en la vida que nos hacen sentir muy bien. Si sudamos y estamos sedientos, el agua nos da un intenso placer. Acercarse a Dios ofrece una satisfacción similar pero para nuestra sed espiritual.

Yeshúa quería que la mujer samaritana conociera a Dios; deseaba que experimentara el gozo de ver la fuente de la salvación. Pero sabía que tenía que guiarla a esa experiencia. Él pudo decirle, como les dijo a otros más tarde: «Yo soy la luz del mundo», pero ella no estaba buscando una vela. Podría haberle dicho: «Yo soy el pan de vida», aunque ella no estaba en un cena. Más que eso, le habló acerca de algo relevante a su necesidad inmediata.

Vemos que Yeshúa comenzó a dirigirse a los asuntos espirituales. Le habló acerca de la «vida eterna» (v. 14), pero la samaritana no captó el punto. Su respuesta fue: «Señor, dame de esa agua para que no vuelva a tener sed ni siga viniendo aquí a sacarla» (v. 15).

Ni idea tenía de lo que Yeshúa le hablaba, pero en cierta manera quería lo que le estaba ofreciendo. Cansada de ir y venir a ese pozo todos los días bajo el ardiente sol de Israel para llevar algunos cántaros de agua, la mujer tenía una necesidad real. Aunque Yeshúa se interesó en su necesidad más profunda, él decidió dirigirla al contexto de su necesidad real.

Nosotros, como sus discípulos, debemos seguir el modelo de nuestro rabino. Si buscamos el tipo de espiritualidad mostrada por Yeshúa, si buscamos maneras de imitarlo, hablemos con las personas como él, con relevancia, observando las circunstancias de la gente como contexto para nuestra comunicación, en otras palabras, lidiando con sus necesidades.

Aunque parezca manipulador, no lo es. Es eficaz. El buen comunicador siempre tiende a entender las necesidades de aquellos con quienes se comunica. La ética de la comunicación requiere que el interés sea sincero. Seguramente aquel que dio su vida por el pecado del mundo es nuestro mayor ejemplo de sincero interés por otros.

Si un conocido suyo está a punto de caer en un despeñadero, por supuesto que usted tratará de advertírselo. Bueno, a menos que sus amigos judíos tengan vida eterna, se están dirigiendo hacia ese despeñadero. Es imperativo que al testificar hable a sus necesidades.

En su libro *Motivación y personalidad*,[1] el famoso sicólogo humanista Abraham Maslow describe lo que llama «jerarquía de las necesidades de la gente». Él redujo las necesidades de la humanidad a cinco categorías básicas; fisiológicas, de seguridad, de pertenencia, de estima y de autorealización. Maslow concluye que cada nivel de necesidad debe ser satisfecho antes que la persona pase al siguiente nivel.

Quizá no defina su mensaje en términos escriturales; sin embargo, me gusta su estructura porque parece moverse, en el lenguaje bíblico, de la carne al espíritu. El buen comunicador debe saber el nivel en el que debe hablar a fin de dar su mensaje en una manera efectiva. Un misionero que trabaje con los desamparados no va a iniciar su ministerio hablando de la vida eterna. Si la persona con quien habla está muriéndose de hambre, el misionero debe ver primero que se alimente. Esta, por

---

[1] Abraham Maslow, *Motivación y personalidad*, Harper & Row, Nueva York, 1954.

supuesto, es la manera de actuar muchas misiones de rescate en los centros urbanos.

Pero, por regla general, sobre todo en los Estados Unidos de América, no hay muchos judíos hambrientos. Excepto una minoría de ancianos o de inmigrantes rusos que viven en lugares pobres, los judíos pueden encontrarse en la clase media o la alta. Por lo tanto, si la persona a la que le quiere testificar está físicamente satisfecha, es decir, alimentada, holgada, abrigada, entonces debe descubrir cuál es su nivel de mayor necesidad.

Quizás no se sienta seguro. Tal vez no se sienta amado. O las circunstancias le negaron una autoestima saludable. De acuerdo a Maslow, todo eso debe corregirse antes que la persona pueda realizarse. Una persona autorealizada es aquella que vive su máximo potencial personal. Esta persona es más altruista. Pueden preocuparle las cosas espirituales. Hasta que no se satisfagan las primeras cuatro necesidades de la persona, es muy poco probable que busque satisfacer la más alta.

Al testificar hacemos bien en entender las necesidades de aquellos con quienes hablamos. A pesar de que es inusual que los judíos estén hambrientos o sin hogar, hay muchos que se sienten inseguros, particularmente debido a los que albergan un sentimiento antisemita y contrario a Israel.

Asimismo, hallará una necesidad de aceptación. Ofrecerle amistad y compañerismo, tanto como compromiso con el pueblo judío y la tierra de Israel, puede mostrarles a algunos esa seguridad y necesidad de pertenencia. En otras palabras, sea un amigo genuino.

Actúe con destreza

Hablamos anteriormente acerca de la credibilidad, ese toque adicional que hace a una persona más confiable. Usted puede desarrollar un testimonio más creíble con cada encuentro. La manera en que se relaciona con su familia, dice algo acerca de cómo opera su fe. La forma en que dirige sus negocios revela más acerca de la confiabilidad de esa fe. Sus obras testifican del valor de lo que cree. Cada uno de estos añade, o sustrae, a su cociente de credibilidad.

En Juan 4:16-19, Yeshúa usa sus poderes sobrenaturales para establecer una credibilidad sobrenatural. ¡Él era un experto! Nosotros también podemos mostrar destreza al testificarles a nuestros amigos judíos.

Recuerde, que hasta este punto Yeshúa era solo un judío cansado, hambriento y sediento, que además ¡estaba violando la tradición judía!

Ve a llamar a tu esposo, y vuelve acá, le dijo Yeshúa. No tengo esposo, respondió la mujer. Bien has dicho que no tienes esposo. Es cierto que has tenido cinco, y el que ahora tienes no es tu esposo. En esto has dicho la verdad.

Yeshúa conocía el corazón de ella. Sabía sus más oscuros secretos. Que era pecadora, pero no la condenó. En cierta manera, este judío al que no conocía, parecía saber todo acerca de ella. Era un experto. «¡Qué asombroso!», debe haber pensado ella. Quizás podría preguntarle algunas cosas religiosas. Y eso fue precisamente lo que hizo.

Las personas judías, como cualquiera, desean también saber acerca del mundo espiritual. Miran programas de televisión y películas en cuanto a lo oculto, el misticismo y lo sobrenatural.

Pero es muy raro el rabino que enseña acerca de los ángeles, los demonios, el cielo, el infierno, el Mesías o la resurrección. Este no es el contenido de un sermón normal un Sabbath por la mañana. Por supuesto, hay lecturas del Tanáj y casi siempre sirven para llegar a otros puntos del sermón. Pero con mucha frecuencia lo que se pierde es el sentido de la realidad concerniente a los acontecimientos bíblicos. De cierta manera, me entristece decirlo, mucha de mi gente perdió su sentido de lo sobrenatural, relegando a Dios a la condición de una tradición rabínica.

Con frecuencia los milagros de la Biblia se describen como simples hechos naturales que un pueblo primitivo y supersticioso atribuyó a lo que llamaban Dios. No nos sorprende oír acerca de «los mitos de la Biblia». El sentido de temor o reverencia se desvaneció en la adoración de la mayoría del pueblo judío.

Por consecuencia, los judíos casi nunca tratan con su rabino los asuntos sobrenaturales. Pero, extrañamente, llegan a la fe si se convencen de que usted cree en lo sobrenatural. Tal vez tenga la oportunidad de explicarle a su vecino judío cosas a las que este no le encuentra respuestas, como por ejemplo: información concerniente a la Biblia, a Dios o a la vida después de la muerte.

Como ya expresé, cuando me encontré con los Rigney, que me

guiaron al Mesías, estaba muy ansioso por las cosas espirituales. Un rabino con quien hablé seguía rígidamente el Talmud y no discutiría acerca de asuntos «prohibidos». Otro rabino ni siquiera creía en Dios. Mi sed espiritual demandaba respuestas. Los Rigney me parecieron confiables y conocedores de la Biblia así como de las personas judías; tenía tanto que preguntarles. Tenían las respuestas a mis preguntas.

Su amigo judío puede estar sediento de información acerca de las cosas espirituales. Quizás esté luchando con asuntos que le intrigan hace décadas. Si le prueba que puede creer en usted, su amigo seguramente le preguntará esas cosas.

Abra las Escrituras

La mujer del pozo fue sensible a la credibilidad que inspiraba Yeshúa. Él conocía todo acerca de ella y no obstante le seguía hablando. Él la aceptó, una pecadora de ligas mayores. Él fue confiable y experto, dos de los tres factores que hacen a una persona creíble. Aquí estaba la oportunidad para plantear preguntas que quizás la afectaron durante años.

Nuestros antepasados adoraron en este monte, pero ustedes los judíos dicen que el lugar donde debemos adorar está en Yerushalayim [Jerusalén].

Juan 4:20

Aun cuando parecía una afirmación, la mujer le planteaba una pregunta. Yeshúa la oyó, y le contestó:

Créeme, mujer, que se acerca la hora en que ni en este monte ni en Yerushalayim adorarán ustedes al Padre. Ahora ustedes adoran lo que no conocen; nosotros adoramos lo que conocemos, porque la salvación proviene de los judíos ... Dios es espíritu, y quienes lo adoran deben hacerlo en espíritu y en verdad.

Juan 4:21-22,24

Reconociendo la credibilidad de Yeshúa, ella le preguntó acerca del lugar para adorar, ¿Gerizim o Jerusalén? Yeshúa aprovechó esta oportunidad para hablar de asuntos escriturales. Ella le inquirió acerca del lugar de adoración, él le contestó acerca de la salvación.

Era la hora de su salvación, le explicó Yeshúa. La salvación viene de los judíos. Además, Dios tiene una manera en la que quiere que el pueblo lo adore, una que no requiere ubicación geográfica particular: Dios quiere que se le adore adecuadamente.

Recuerde que esta mujer solo requirió unos minutos para sentirse segura y con suficiente confianza para hablar de esos asuntos controversiales. Yeshúa la llevaba a la verdad. Una vez que abordó los asuntos espirituales de la salvación y la adoración, el «cierre» no estaba muy lejos.

Presente la salvación

Suponga que cuando esta mujer se aproximaba al pozo con sus cántaros de agua, Yeshúa se levantara a decirle: «Hola, soy el Mesías. «¿Me das de beber?» En el lenguaje moderno, ella tal vez respondiera: «Seguro, mi amigo, y yo soy la reina de Inglaterra.» Él estaba cansado, hambriento, sudoroso y vestido con ropas de trabajo, no con los vestidos reales de un monarca. ¡No parecía exactamente el Mesías! La mujer bien habría podido alejarse de ese «loco». Al menos, no lo hizo. El acercamiento de Yeshúa fue lentamente revelador, se movió con cautela, paso a paso, hasta que ella le preguntó si él era el Mesías.

—Sé que viene el Mashiach, al que llaman el Cristo —respondió la mujer—. Cuando él venga nos explicará todas las cosas. Ése soy yo, el que habla contigo —le dijo Yeshúa.

Juan 24:25-26

No puedo evitar pensar que ella tuviera alguna pista de que él era el Mesías. Percibo una interrogación al final de su declaración. Ella estaba lista. Era el tiempo. Creyó. Dejó sus cántaros de agua y anunció las nuevas por todo el pueblo. «Vengan, vean a un hombre que me ha dicho todo lo que yo he hecho. Puede ser que este sea el Mesías?» Cuánta gente creyó como resultado de oír su testimonio, es difícil de decir. Pero seguramente fueron muchos. Yeshúa pescó un lote de peces ese día. No hay razón para que no hagamos lo mismo.

Yeshúa se *dispuso* a testificar, aunque tuvo todas las excusas para no hacerlo. Despertó el *interés* de la mujer con solo hablarle. Fue *oportuno* al usar la imagen del «agua viva». Le habló acerca de su *necesidad*, aunque al principio lo mal interpretó. Demostró su *habilidad* al conocer lo que ella era en su interior. Fue a una discusión *escritural* cuando ella estuvo lista. Finalmente, se presentó como el *Salvador* cuando ella lo requirió.

El maestro pescador prometió que convertiría a sus discípulos en pescadores de hombres. Espero que estos siete pasos le ayuden mientras usted «pesca ovejas», las ovejas perdidas de la casa de Israel.

Si mi organización o yo podemos servirle de ayuda para testificar del Mesías, pida los recursos de los judíos mesiánicos, ayuda para localizar la congregación mesiánica más cercana o para responder preguntas que pueda tener. Contácteme en la Fundation Lederer, 6204 Park Heights Avenue, Baltimore, MD 212215-3600, teléfono (410) 358-6471. Nuestra dirección electrónica es ledmessmin@aol.com; nuestra dirección en Internet es http://www.goshen.net/lederer.

Dios lo bendiga en el cumplimiento de su Gran Comisión, y que tenga una buena pesca.

EPÍLOGO

Unas pocas palabras de testimonio personal...

Era 15 de abril de 1972, una fecha de mal augurio en la mente de la mayoría de los estadounidenses: Día de pagar los impuestos. Estaba trabajando para la firma de contabilidad de mi padre. A él le gustaba cerrar temprano para evitar a los clientes de última hora que pueden enloquecer a cualquiera (espero que usted no sea uno de ellos). Esto ocurrió mientras yo navegaba en la bahía de Chesapeake.

Estábamos pasando por debajo del puente de la bahía. Miré hacia arriba para observar algo de su construcción, pensando en la nueva porción que se le estaba añadiendo al antiguo puente. Súbitamente la tranquilidad terminó cuando una pieza de metal se derrumbó desde el puente, estrellándose sobre nuestro bote. Aterrizó con un sonido ensordecedor, tan cerca de mí que el cristal de mi reloj se rompió. Afortunadamente no penetró hasta el fondo del bote.

Mis compañeros de aventura corrieron adonde yo estaba, con voces confusas llenas de pánico e incredulidad. Solo un pensamiento pasó por mi turbada conciencia: ¿Podría Dios enviar algo así para darse a entender? Las Escrituras sí enseñan que los judíos buscan una señal. Pero, ¿esto? ¿O era HaSatán, el adversario, tratando de matarme antes que recibiera la salvación en el Mesías?

Me di cuenta de que mantenía una extraña calma a pesar de que estuve a punto de ser aplastado por aquella pieza de acero. Sin embargo, lo que me hizo temblar, era lo colosal de la decisión espiritual que se plantaba frente a mí. Aunque estudié Isaías 53, había calculado el tiempo de la venida del Mesías según Daniel 9, y entendía que el judío puede creer en Yeshúa, todavía me resistía a entregarle mi vida al Señor. Pasé la mitad del año reflexionando acerca de ello.

Esa noche asistí a una celebración de Pascua, el servicio que recuerda la liberación del pueblo judío del cautiverio en Egipto miles de años antes. Era un servicio mesiánico dirigido por Dan Rigney. La cena conmemorativa se celebró en Baltimore, en un lugar llamado Fundación Lederer, la organización en la cual sirvo ahora como director ejecutivo. Escuché cómo los elementos de la Pascua eran descritos con todo su significado mesiánico. Le hice algunas preguntas al doctor Henry Einspruch, distinguido erudito de la Torá y del Talmud y antiguo dirigente de la Fundación Lederer. Supe entonces que ya creía.

Esa noche, en la quietud de mi casa, le dije al Dios de Abraham, Isaac y Jacob que creía que Yeshúa era el Mesías enviado para que fuera mi Salvador. Me quedé dormido apaciblemente por primera vez en seis meses. Como Jonás, que al final se rindió al Señor, también supe que no podía correr más.

Fue más tarde que descubrí cuánta gente oró por mí en Baltimore, Washington, ¡y alrededor del país! De vez en cuando, todavía encuentro personas que oraban por mí desde 1972. Una de ellas era una simpática muchacha judía, originaria del Bronx, llamada Steffi. Nos encontramos algunos meses después que recibí a Yeshúa. Nos casamos dos años más tarde y Dios nos ha bendecido con dos adorables hijas.

Usted desea que su amigo judío encuentre al Mesías. Dios también lo quiere. Comience a orar, pida a otros que hagan lo mismo. Esta es una guerra espiritual y Dios lo llamó a la batalla. Su arma más poderosa es la oración sincera.

Deje que su amigo judío traiga las roscas. Traiga usted el evangelio. Pronto oiremos a los ángeles en el cielo regocijándose por la salvación de alguno del remanente del pueblo elegido de Dios. Usted puede hacerlo.

Glosario de términos judíos

Estas son algunas palabras comunes en hebreo o yidish, que usa el pueblo judío. El hebreo, desde luego, es el idioma antiguo del pueblo judío y el idioma oficial del moderno Estado de Israel. El yidish es un idioma común entre los judíos de Europa oriental, cuyas letras son hebreas aunque suena como alemán. Es muy usual entre los judíos europeos y estadounidenses. Si entiende las palabras siguientes, se comunicará con los judíos en una manera más fácil.

Adonai   «Señor»; dado que los judíos no pronuncian el nombre hebreo de «Dios», YHWH [Jehová], porque lo consideran demasiado sagrado, emplean *Adonai* como sustituto. También usan el sustantivo «JaShem».

Aliyáh   «Subir»; ir a *Eretz Yisra'el,* la tierra de Israel. También cuando una persona «sube» para leer la Torá hace una *aliyáh.*

Askenazí   «Askenacita»; judío de origen europeo oriental, central u occidental (Polonia, Rusia, Alemania, Francia, etc.).

Bar Mitzváh   «Hijo del mandamiento»; un niño que alcanza los trece años, la edad de la madurez religiosa, y que realiza una ceremonia en la que acepta la responsabilidad de sus hechos ante Dios.

Bat Mitzváh	«Hija del mandamiento»; niña que llega a la edad de la madurez religiosa entre los doce y trece años, y que pasa una ceremonia en la cual acepta la responsabilidad de sus hechos ante Dios.
Berajáh	«Bendición»; se ofrece en cualquier ocasión para alabar.
B'nai B'rith	«Hijos del pacto»; una organización fraterna judía fundada en 1843.
B'ris o B'rit Miláh	«Pacto de la circuncisión»; rito que se realiza cuando un niño tiene ocho días de nacido (Génesis 17:9-14).
Cábala	Misticismo judío.
Eretz Yisra'el	«Tierra de Israel.»
Goy	«Gentil»; plural, *goyim*, significa naciones.
Gut Yom Tov	«Buen día festivo»; expresión en yidish.
Jaftórah	La sección de los profetas que se lee inmediatamente después de la lectura de la *Torá* en servicios de *Shabbat* y la mayoría de los días festivos.
Jagadáh	«El cuento»; la historia de la Pascua. También se llama así al manual ritual usado para el servicio de la Pascua.
Jag Saméaj	«Feliz día festivo»; saludo hebreo.
Jalajáh	«El camino»; la tradición, la práctica, la regla del judaísmo.
Jalel	«Alabanza»; palabra raíz de *aleluya*, apunta a ciertos salmos de alabanza.

234

Janukáh	«Dedicación»; festejo de la rededicación del templo del Señor por los macabeos en 165 antes de nuestra era. También conocido como Fiesta de las Luces.
Jasíd	«Piadoso»; seguidor de los *jasidím*, una secta ultraorto- doxa.
Ja Tikváh	«Esperanza»; el himno nacional de Israel.
Jazán	«Cantor»; normalmente el líder de la parte litúrgica del servicio en la sinagoga.
Jupáh	El dosel que se usa en una boda judía, y que representa la presencia de Dios en el nuevo hogar; además, recuerda el «Templo» en Jerusalén y simboliza la morada de Dios con el hombre.
Kadish	«Santo»; alabanza a Dios que se pronuncia en memoria de un fallecido.
Kashrút	Leyes dietéticas judías.
Kosher	Limpio; comida aceptable según la ley judía que excluye especialmente el puerco y los mariscos (Deuteronomio 14:3-21).
Ketuváh	Contrato matrimonial judío.
Ketuvím	«Los escritos»; incluye los libros históricos y poéticos del antiguo pacto.
Kiddush	«Santificado»; bendición sobre «el fruto de la vid» (el vino) para santificar (hacer santo o apartar) el Shabbat (el sábado) y los días festivos.
Kol Nidre	«Todos los votos»; canto al anochecer de Yom Kipur.

Le-jáyim   «A la vida»; un brindis o saludo.

Le-jítra-ot   «Hasta la vista»; adiós.

Le-shanáh Továh   «Un buen año»; saludo del año nuevo judío en septiembre.

Maguén David   «Escudo de David»; una estrella de seis puntas que usan los judíos como símbolo de su pueblo.

Mashíaj   «Ungido»; el Mesías.

Matzáh   «Pan ácimo»; usado en la Pascua y la Fiesta del Pan Ácimo.

Mázel Tov   «Buena suerte»; felicidades.

Meguillót   «Rollos»; parte de los *ketuvím*, incluidos los libros de Ester (conocido como la *meguiláh*), Lamentaciones, Cantares, Rut y Eclesiastés.

Menoráh   «Candelero» o candelabro de siete brazos (Éxodo 25:31-37), excepto en Janukáh, cuando se usa uno de nueve.

Meshúmad   «Un judío apóstata»; uno que se convierte al cristianismo.

Mezuzáh   «Jamba de puerta»; rollo de pergamino, usualmente en un recipiente metálico, fijado al lado derecho de la entrada a una casa o habitación (Deuteronomio 6:9); contiene la *Shemá* (Deuteronomio 6:4-11) y otras porciones de las Escrituras (Deuteronomio 11:13-21); a veces se usa como joyería.

Mikváh   «Baño ritual para purificación»; un antecedente del bautismo cristiano.

Minyán   «Quórum»; asistencia necesaria para un servicio; diez hombres de trece años de edad o mayores.

Mitzváh	«Mandamiento»; o en uso común, una buena obra.
Ner Tamíd	«Luz eterna»; luz siempre encendida en la sinagoga, representa la presencia de Dios.
Nevi'im	«Los profetas»; los libros de los profetas.
Pesaj	«Pascua»; en la práctica, sinónimo de la Fiesta de los Panes sin Levadura (Éxodo 12:14-20; Levítico 23:5-8).
Purím	«Suertes»; se le llama también «Fiesta de Ester», celebra la victoria sobre Amán y otros que buscaban el exterminio de los judíos. Se basa en el libro de Ester.
Rosh Jashanáh	«Cabeza del Año»; el Año Nuevo Judío, celebrado, por lo general, en septiembre u octubre; propiamente la Fiesta de las Trompetas (Levítico 23:24-25).
Rúaj Hakódesh	«Espíritu Santo.»
Séder	«Orden»; servicio (incluida la comida) de la Pascua, usualmente se celebra en la primera y la segunda noche pascual.
Sefardí	«Sefardí»; judío originario de la zona mediterránea (Turquía, España, Egipto, etc.).
Shabbat	«Sábado»; desde la puesta de sol en viernes hasta la puesta de sol en sábado (Levítico 23:3).
Shalom	«Paz»; saludo como «hola» y «adiós».
Shalom Aléjem	«La paz sea contigo.»
Shamash	«Siervo»; cuidador de la sinagoga o el templo; también

la novena vela en la *menoráh* de *Janukáh*.

Shavuot	«Semanas»; la Fiesta de las Semanas o Pentecostés (Levítico 23:15-21).
Shemá	«Escucha»; declaración de la fe judía (Deuteronomio 6:4), se recita cada mañana y noche; y además lo rezan los judíos religiosos en cada servicio de adoración.
Shiváh	«Siete»; período de los primeros siete días de luto después de la muerte de un ser querido.
Shul	«Escuela»; otra palabra yidish para una sinagoga ortodoxa o hasídica en la que se estudia la Torá.
Shulján Arúj	Leyes codificadas del judaísmo rabínico.
Sidúr	«Libro de oraciones»; contiene rezos, porciones bíblicas y el orden del servicio.
Simját Torá	«Regocijo con la ley»; conclusión de la lectura pública de la Torá en la sinagoga cada año, al final de la Fiesta de los Tabernáculos.
Sion	«Israel.»
Sionista	Uno que apoya la idea de un estado judío, la nación de Israel.
Succáh	«Enramada»; se emplea durante *succot* para comidas y posiblemente para dormir.
Succot	«Enramadas»; la Fiesta de los Tabernáculos (Levítico 23:33-36).
Sinagoga	«Asamblea»; casa de adoración, usualmente de judíos conservadores u ortodoxos.

Talit «Manto de oraciones»; se usa durante la adoración en la sinagoga o en el hogar.

Talmud «Estudio»; las tradiciones, discusiones e instrucciones orales en 37 volúmenes (en inglés), de los grandes rabinos del judaísmo (desde el año 100 antes de nuestra era hasta el 200 de la presente). Comentario sobre el *Tanáj*, «la ley oral».

Talmud Torá Escuela religiosa de la comunidad judía que enseña hebreo, *Talmud*, *Torá* y asuntos seculares.

Tanáj «Torá, Nevi'im, Ketuvím (T-N-K)»; el Antiguo Testamento.

Templo Casa de adoración de los judíos reformados.

Tefilín «Filacterias»; cajas de cuero con cuerdas de piel que los judíos muy religiosos se envuelven alrededor de la cabeza y los brazos durante sus oraciones. Contienen porciones de la *Torá* (Deuteronomio 6:8).

Torá «Ley»; los cinco libros de Moisés, también conocidos como el *jumásh*.

Treife «Comida no aceptable»; también significa «en desacuerdo con los caminos de Dios».

Tzadik «Santo»; casi siempre refiere a un líder religioso, uno que es estudioso y piadoso.

Tzitzit «Franjas» unidas a las cuatro esquinas del *talit* (Números 15:38-40).

Yártzait Aniversario de la muerte de un ser querido (vocablo yidish).

Yármulke «Gorrita» que usan los judíos para cubrirse la cabeza, especialmente durante la adoración en la sinagoga o el hogar (también llamado *kipá,* palabra hebrea para «cubrir»).

Yeshívah Escuela religiosa de alto nivel.

Yizkór «Para recordar»; conmemorar a los muertos.

Yom Jabikorím «Día de las primicias»; relacionado con la resurrección (Levítico 23:10-14).

Yom Kipur «Día del Perdón»; la fecha más sagrada del año judío, observada con ayuno y oraciones para perdón de pecados (Levítico 23:26-32).

BIBLIOGRAFÍA SELECTA

Ausubel, Nathan, ed. *A Treasury of Jewish Humor* [Antología del humor judío], Doubleday and Company, Inc., Garden City, NJ, 1951.

Golberd, M. Hirsch. *The Jewish Connection* [La conexión judía], Stein and Day, Nueva York, 1976.

Grayzel, Solomon. *A History of the Jews* [Una historia de los judíos], Jewish Publication Society, Filadelfia, 1970.

Kjær-Hansen, Kai, ed., *The Death of Messiah* [La muerte del Mesías], Lederer Publishers, Baltimore, 1994.

Lapides, Pinchas. *The Resurrection of Jesus* [La resurrección de Jesús], Augsburg Publishing House, Minneapolis, 1983.

Maslow, Abraham. *Motivation and Personality* [Motivación y personalidad], Harper and Row, Nueva York, 1954.

Phillips, McCandlish. *The Bible, The Supernatural, and the Jews* [La Biblia, lo sobrenatural y los judíos], Bethany Fellowship, Minneapolis, 1970.

Potok, Chaim. *The Chosen* [El escogido], Fawcett Crest, NY, 1967.

_____. *My Name is Asher Lev* [Mi nombre es Asher Lev], Fawcett Crest, Greenwich, CT, 1972.

Rosten, Leo. *The Joys of Yiddish* [Las alegrías del yidish], McGraw-Hill Book Company, Nueva York, 1968.

Stern, David. *Complete Jewish Bible* [Biblia completa judía], Jewish New Testament Publications, Inc., Clarksville, MD, 1998.

Ten Boom, Corrie. *El Refugio Secreto*, Editorial Vida, Miami, FL, 1972, 1999.

LECTURA RECOMENDADA

Disponible a través de Lederer/Messianic Jewish Resources International

Kasdan Barney. *God's Appointed Times* [Los tiempos decretados por Dios], Lederer Messianic Publishers, Baltimore, 1996.

_____. *God's Appointed Customs* [Las costumbres decretadas por Dios], Lederer Messianic Publishers, Baltimore, 1996.

Moseley, Ron. *Yeshua: A Guide to the Real Jesus and the Original Church* [Yeshúa: Una guía al verdadero Jesús y la iglesia original], Lederer Messianic Publishers, Baltimore, 1998.

Rudolph, David, ed. *The Voice of the Lord* [La voz del Señor], Lederer Messianic Publishers, Baltimore, 1998.

Shiffman, Michael. *Return of the Remmant, New Edition* [Regreso del remanente, n.e], Lederer Messianic Publishers, Baltimore, 1996.

Stern, David H., trad. *Jewish New Testament* [Nuevo Testamento judío], Jewish New Testament Publications, Inc., Clarksville, MD, 1989.

_____. *Restoring the Jewishness of the Gospel* [Cómo restaurar el judaísmo del evangelio], Jewish New Testament Publications, Inc., Clarksville, MD, 1990.

PREGUNTAS PARA ESTUDIO
Y DISCUSIÓN

E scriba las respuestas a estas preguntas y envíelas a nuestra oficina, le enviaremos un bello certificado de aprobación del curso que afirma que «ama a Israel».

Podrá desplegarlo de tal modo que sus amistades judías lo vean y le pregunten qué significa. Le pedimos que incluya un cheque por diez dólares ($10.00) para cubrir el costo y el envío del certificado.

Capítulo uno

1. ¿Cuáles son las cuatro razones especiales para dar a conocer al Mesías a los judíos?
2. ¿Cuál es el concepto bíblico de remanente?
3. ¿Qué dice Génesis 12:3 y por qué eso es importante para alcanzar a los judíos?
4. ¿Cuál es la gran bendición que le puede dar a una persona judía?

Capítulo dos

1. ¿Qué papel desempeñan los gentiles en la evangelización a los judíos?
2. Describa la «actitud apropiada» hacia los judíos incrédulos.

Capítulo tres

1. Explique la rebelión judía que ocurrió en el año 134 de nuestra era.
2. Muchas de las primeras iglesias instituyeron nuevas tradiciones y leyes para regular las relaciones entre cristianos y judíos. Descríbalas brevemente.
3. ¿Qué impacto causaron las cruzadas en el pueblo judío?
4. ¿Cómo le explicaría a un judío la diferencia entre cristianismo y nazismo?

Capítulo cuatro

1. Defina la palabra credibilidad.
2. ¿Cómo puede llegar a ser más confiable ante su vecino judío?
3. Puede usted ser un «experto» en Biblia al hablarle a un judío? ¿Cómo?
4. ¿Cuáles son algunas de las formas en que puede identificarse con los judíos?
5. ¿Cuáles son los tres bloques fundamentales sobre los que se edifica la credibilidad?

Capítulo cinco

1. Defina qué es Tanáj.
2. Haga una lista y describa tres premisas que puede relacionar con su vecino judío.

Capítulo seis

1. Nombre algunas profecías mesiánicas útiles, descríbalas brevemente y anote la referencia de la Escritura.
2. ¿Cuál fue la interpretación rabínica de Isaías 53 antes de Rashi?
3. ¿Cuál es el punto de vista actual de los judíos acerca de Isaías 53?
4. Explique las dos teorías mesiánicas.

Capítulo siete

La siguiente es una lista de los términos cristianos, comúnmente empleados, que pueden ofender a una persona judía. Ofrezca la alternativa «mesiánica».

Cristiano (como adjetivo)_____

Cristiano (como nombre)_____

Cristo_____

Iglesia_____

Jesús_____

Murió por mis pecados_____

Espíritu Santo/Santo Espíritu_____

Trinidad_____

Evangelio _____

Navidad _____

Pentecostés_____

Segunda venida de Cristo _____

Nuevo Testamento_____

Antiguo Testamento_____

Bautismo _____

Cruz_____

Conversión_____

Capítulo ocho

1. Nombre algunos estereotipos físicos que los cristianos pueden tener acerca de los judíos.

2. Haga una lista de los estereotipos espirituales referentes a los judíos.

3. ¿En qué aspecto sostienen los judíos la misma teología? ¿En cuáles hay diferencias?

Capítulo nueve

1. ¿Quién fue el primer judío?
2. Describa el desarrollo del oficio rabínico.
3. ¿Quién fue Judas Macabeo?
4. Juan 10:22 describe a Jesús en una celebración. ¿Cuál?
5. Describa algunos acontecimientos que causaron la asimilación de los judíos creyentes a la primera iglesia.
6. ¿Cuál fue el primer asentamiento judío oficial establecido en América?
7. ¿Qué ocurrió el 9 y el 10 de noviembre de 1938?
8. Describa la declaración de Balfour.
9. Dé la fecha en que Israel se convirtió en nación en la historia moderna.

Capítulo diez

1. ¿Cuáles eran las tres principales sectas del judaísmo en el año 100 antes de nuestra era? Nómbrelas.
2. ¿Cómo se le llama también al Talmud?
3. ¿Cuáles son las dos obras que se editan juntas en el Talmud?
4. Hay muchas ramas en el judaísmo moderno. Nómbrelas y descríbalas.

Capítulo once

1. Nombre los dos orígenes principales de los judíos modernos.
2. ¿Qué es un Shtetl?
3. Describa el Bar Mitzváh.
4. Defina el concepto de Kashrút.
5. Nombre algunos alimentos que no son kosher.
6. ¿Qué significa la expresión «poner cercas alrededor de la ley»?
7. Los judíos tienen una ceremonia muy singular para el nacimiento de un niño varón. Nombre y describa esa ceremonia.
8. ¿Qué es jupáh?
9. Explique la expresión «sentarse en shiváh».

Preguntas para estudio y discusión

Capítulo doce

1. ¿Qué es una «pregunta desafiante»? ¿Cómo tratar con ella?
2. ¿Qué es una «pregunta tramposa»? ¿Cómo lidiar con ella?
3. ¿Qué es una «pregunta falsa»? ¿Cómo podemos tratarla?
4. ¿Qué es una pregunta escrutadora? ¿Cómo lidiar con ella?

Capítulo trece

1. Nombre algunas de las barreras históricas para creer en Yeshúa.
2. ¿Cuál es su respuesta a la acusación de que el «Nuevo Testamento es antisemita»?
3. ¿Creen los rabinos que Yeshúa es el Mesías?
4. ¿Practican el proselitismo los judíos? ¿Lo hicieron alguna vez?

Capítulo catorce

1. Explique las diferencias entre las palabras hebreas *ejad* y *yajid*
2. ¿Cuál es la filiación de Yeshúa?
3. ¿Enseña la Biblia la expiación vicaria? ¿Qué significa este término?
4. ¿Por qué no hay paz en la tierra?

Capítulo quince

1. ¿Qué enseña la Biblia acerca de la «gente buena»?
2. Cuando un judío se convierte a Yeshúa, ¿deja de ser judío? Explique.
3. ¿En qué manera ayudar a un judío que teme aceptar a Yeshúa debido a que puede perder a sus amigos o familiares?
4. Al tratar de responder, ¿dónde estaba Dios cuando murieron seis millones de judíos en la Segunda Guerra Mundial? ¿Cuál es la mejor manera de enfocar el asunto?

Capítulo dieciséis

1. En el capítulo «Ponga todo junto», haga una lista de las palabras (aparecen en cursiva) que describen los diferentes pasos de Jesús en su encuentro con la mujer samaritana. Explique.

2. ¿Qué considera que aprendió al estudiar este libro?

ACERCA DEL AUTOR

BARRY RUBIN nació en la ciudad de Nueva York en 1945, año en que su familia se trasladó a Washington, D.C., para luego establecerse en Maryland. Tras graduarse de bachiller, fue a la Universidad de Ohio, en Athens, y obtuvo un diploma en Comunicaciones y organización, y una licenciatura en Comunicación interpersonal.

En 1973, después de una intensa búsqueda espiritual, se convenció de que Yeshúa (Jesús) de Nazaret era el Mesías y empezó a seguir sus enseñanzas.

Desde 1974 a 1978 trabajó con algunas organizaciones que proclamaban que el Mesías había venido. En 1981 llegó a ser el líder espiritual de la Congregación Mesiánica Emmanuel, una de las más antiguas de esa clase en la nación (ca. 1915). Barry, continúa sirviendo en esta congregación, la cual se reúne en Howard County, Maryland.

En 1988 se convirtió en el director ejecutivo de The Lederer Foundation, y en 1989 fungió como vicepresidente ejecutivo de Jewish New Testament Publications, Inc.

El señor Rubin aparece en la lista de *Quién es quién en el este, Quién es quién en religión*, y en la publicación internacional *Quién es quién entre profesionales*. Le encanta jugar golf y hacer crucigramas. Su esposa, Steffi, es también una judía creyente en Yeshúa; ella hizo las ilustraciones de este libro, y es una connotada artista gráfica y compositora. Sus dos hijas, Rebecca y Shira, son activas en su congregación.

ACERCA DE
THE LEDERER FOUNDATION

The Lederer Foundation fue registrada en 1949, aunque ya estaba en actividad décadas antes bajo otros nombres. El doctor Henry Einspruch y su esposa, Marie, iniciaron la labor de ayudar a los judíos a encontrar al Mesías. Publicaron el Nuevo Testamento Yiddish y otros libros útiles en la evangelización y la educación. Lewis y Harriet Lederer contribuyeron con los fondos para hacer posible la impresión del Nuevo Testamento Yiddish.

Barry Rubin continuó con el brazo publicitario de The Lederer Foundation, estableciendo una división llamada Messianic Jewish Publishers. Otras divisiones de The Lederer Foundation son Messianic Jewish Publishers International, que hace el mercadeo y la distribución de los libros mesiánicos, la música y las enseñanzas en casetes y en discos compactos, regalos de Israel, judaica, etc.; Messianic Jewish Ministries, el órgano de alcance; y Messianic Jewish Church Programs, el departamento de enseñanza.

The Lederer Foundation puede contactarse llamando al teléfono (410) 358-6471 ó (800) 410-7367 (para ordenar algún producto o concertar conferencias). El número de fax de The Lederer Foundation es (410) 764-1376. La dirección electrónica es ledmessmin@aol.com

Todos los productos distribuidos por Messianic Jewish Publishers International pueden ser adquiridos a través del catálogo que aparece en Lederer online en la dirección siguiente: http://www.goshen.net/lederer.

Nos agradaría recibir noticias suyas.
Por favor, envíe sus comentarios sobre este libro
a la dirección que aparece a continuación.
Muchas gracias.

EDITORIAL VIDA
8325 NW 53rd St., Suite: 100
Miami, Florida 33166-4665
Vidapub.sales@harpercollins.com
http://www.editorialvida.com